Les Ateliers Hachette présent

MAX, JULES
et leurs copains

CP
Cycle 2
Fichier 1

Méthode de lecture

Sylvie COTE
Institutrice

Michelle VARIER
I.E.N

Valérie VIDEAU
Auteur des textes et des documentaires

Tous les personnages des histoires de Max, Jules et Zoé sont illustrés par **Michel COUDEYRE**

hachette
ÉDUCATION

Sommaire

Sommaire

J'apprends les consignes

Je souligne quand j'entends le son [a].

| le chien | le ballon | la banane | le livre |

J'entoure.

o	(a)	e	(A)	r
m	(A)	O	d	(a)
c	b	(a)	c	(A)

Je coche.

pirate

✗		

Je réponds par *vrai* ou *faux*.

C'est Max. *faux*

Je relie.

m ●　　　　　　　　　● A
a ●　　　　　　　　　● M
papa ●　　　　　　　● *parler*
parler ●　　　　　　● *papa*

J'écris.

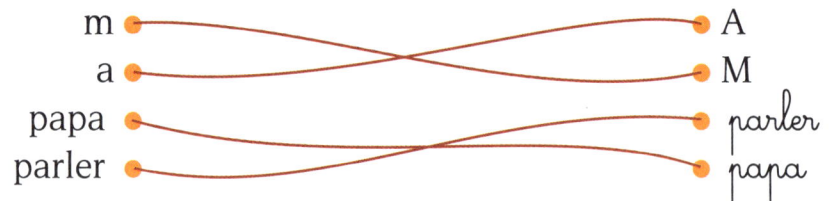

Le matin, je me lève et

Je remets dans l'ordre.

Max

Je classe.

Max, maman, Zoé, Jules, papa.

Je vois a	Je ne vois pas a
papa	*Jules*
Max	*Zoé*
maman	

Bienvenue au CP !

Bonjour !
Je m'appelle Max.

Je suis Jules,
le meilleur copain de Max.

Moi, c'est Zoé.
Je suis la petite sœur
de Max.

Je suis Pistache,
le chat de Max.
J'aime faire des bêtises.

Et moi, je m'appelle : _Jamie-Fabien Matthews_

Max

Max et son chat

Max veut aller à l'école avec son chat Pistache.

Papa dit :

– Non, Pistache n'ira pas en classe.

je lis

Max	son chat	aller	Papa
Max	son chat	aller	Papa

Date :

1 Je relie chaque mot à son image.

le chat   la classe   Max

2 J'entoure la phrase du texte.

– Pistache ira en classe.

– Non, Pistache n'ira pas en classe.

3 Je souligne le mot quand j'entends le son [a].

le chien   le ballon   la banane   le livre

le cartable   le balai   la pomme   la vache

COMPTINE

Ma tante Falbala

Aime la tombola

La tarte au chocolat

Nougat, baba, barbe à papa !

J. Charpentreau

LABYRINTHE

4 J'entoure toutes les lettres a.

o	ⓐ	e	Ⓐ	r
m	Ⓐ	O	d	ⓐ
c	b	ⓐ	c	Ⓐ

5 Je lis des mots.

M**a**x - p**a**p**a** - le ch**a**t - **a**ller

6 Je relie les écritures qui vont ensemble.

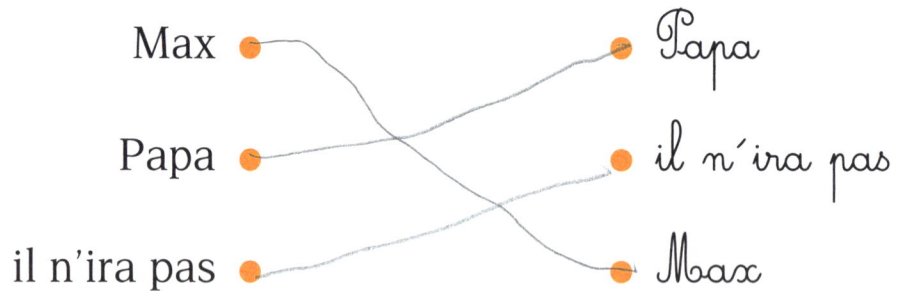

Max   Papa

Papa   il n'ira pas

il n'ira pas   Max

7 J'écris.

a   a   a   a   a   a

A   A   A   A   A   A

Les premières questions portent toujours sur la compréhension de l'histoire lue **(exercices 1 et 2)**.

Pour apprendre à lire, l'enfant doit savoir :
– reconnaître les sons **(exercice 3)** ;
– connaître les lettres **(exercice 4)** ;
– faire correspondre les lettres et les sons.

Mais il doit aussi :
– reconnaître des mots **(exercice 5)** ;
– déchiffrer en combinant les lettres et les sons **(leçons suivantes)**.

Apprendre à écrire, c'est apprendre à former les lettres **(exercice 7)**, les mots **(leçons suivantes)**, mais c'est aussi apprendre à faire des phrases pour décrire **(exercice 9)**, raconter, donner son avis **(leçons suivantes)**.

Date :

8 **J'entoure ce qu'il y a dans mon cartable.**

un chat
un chat

une banane
une banane

un cahier
un cahier

un stylo
un stylo

une gomme
une gomme

un livre
un livre

9 **J'écris une phrase.**

Dans mon cartable, il y a un livre et une banane.

A a

Max

JE RETIENS

Max
Papa
le chat

aller

la ✓

M
m

maman

MAXI DÉBAT

Réveils faciles ou réveils difficiles ?

- On peut se réveiller facilement pour plusieurs raisons :
  – on a bien dormi, on est en forme, de bonne humeur ;
  – on a des choses agréables à faire.

- Si l'on a du mal à se réveiller et à se lever le matin, c'est peut-être parce que l'on manque de sommeil.

- Le sommeil est indispensable au bon fonctionnement du corps. Pendant le sommeil, le corps se repose et fabrique une substance qui sert à grandir.

Les matins de Jules

– **Maman, laisse-moi dormir !** dit Jules.

Mais badaboum ! Il se retourne et…

tombe du lit !

je lis

Maman	moi	dormir	mais
Maman	*moi*	*dormir*	*mais*

10

Date :

1 Je coche la bonne réponse.

Qui dort ?
- ☒ Max
- ☑ Jules

Qui réveille Jules ?
- ☑ Maman
- ☒ Papa

2 Je souligne le mot quand j'entends le son [m].

une pomme   un nez   un masque   une fourmi

un âne   un moulin   une main   une banane

3 J'entoure toutes les lettres m.

M	a	p	m	r	M
E	b	n	M	o	m
a	m	d	r	M	T

Date :

4 **Je lis des mots.**

ma - **M**a**m**an - **M**ax - **m**ais - dor**m**ir

5 **Je relie les 2 écritures du même mot.**

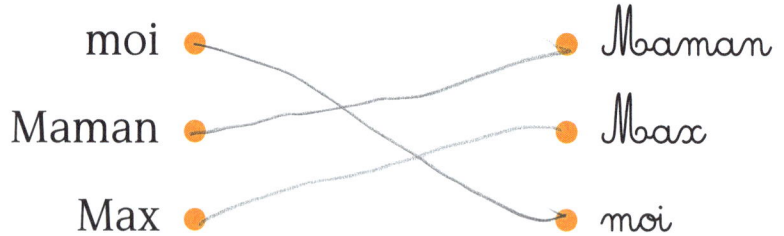

moi   •   •   *Maman*

Maman •   •   *Max*

Max   •   •   *moi*

6 **J'entoure le même mot que le modèle.**

Max	maman	moi
Maxime	matin	mais
Marc	mamie	moi
Maude	maman	mon
Max	manie	ma

7 **J'écris.**

m   m   m   m   m   m

M   M   M   M   M   M

Max   Max   Max

Dans l'**exercice 2**, on s'assure que le son [m] est bien reconnu parmi d'autres sons et, plus particulièrement, du son [n]. On a volontairement écrit les noms sous les dessins pour éviter toute confusion et pour que l'enfant puisse repérer la graphie dans le mot.

L'enfant apprend à reconnaître les différentes écritures d'une même lettre ou d'un même mot **(exercices 3 et 5)**.

Avec deux lettres, *m* et *a*, l'enfant commence aussi à lire les premières syllabes et à associer les lettres et les sons **(exercices 4 et 6)**.

L'enfant apprend à écrire les lettres une à une, puis des mots **(exercice 7)**.

Dans l'**exercice 9**, l'enfant doit mettre en relation l'image et le sens de la phrase, pour écrire la phrase juste.

8 **Je numérote dans l'ordre les étapes de la matinée de Jules.**

1. Jules se lève.   4. Jules arrive à l'école.

3. Jules prend son petit déjeuner.   2. Jules se lave les dents.

9 **J'écris la phrase qui correspond au dessin.**

le chat me réveille parce que que j'étais
en retard

M
m

maman

JE RETIENS

maman

dormir

moi

mais

✓

Ll

un livre

MAXI DÉBAT

Quels sont les grands moments de la journée ?

• Il s'agira d'abord pour l'élève de prendre conscience du découpage de la journée en trois temps : le matin, le midi, le soir.

• On pourra alors faire préciser le type d'activité qui peut s'inscrire dans chacun de ces trois temps.

Le lundi de Zoé

Le matin, **Pistache a bu le bol de lait de Zoé.**

À midi, Zoé a fait tomber sa glace.

Le soir, Max lui a volé son livre.

Quel lundi !

je lis

lundi	le bol	son livre	Max a volé
lundi	le bol	son livre	Max a volé

Date :

1 **Je relie chaque mot à son image.**

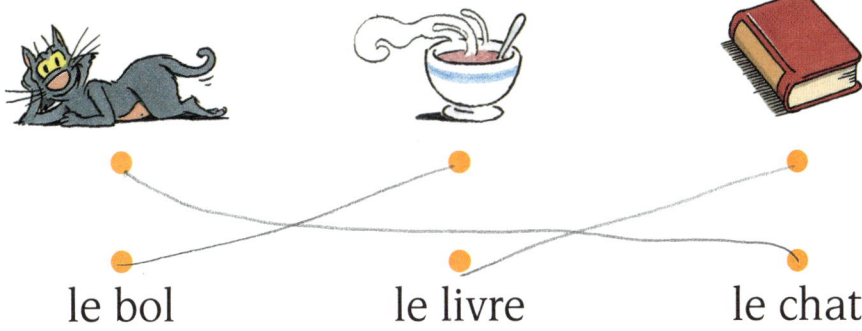

le bol   le livre   le chat

2 **Je relie.**

Max   a bu le bol de lait.

Pistache   a volé le livre.

3 **Je souligne le mot quand j'entends le son [l].**

un livre   une table   une voiture   un bol

4 **J'entoure tous les l en bleu.**

k	i	l	b	L
l	f	d	L	h
d	*l*	k	*d*	l

COMPTINE

Quelle heure est-il ?
Il est midi.

Qui te l'a dit ?
La p'tite souris.

Où donc est-elle ?
Dans la chapelle.

Et que fait-elle ?
De la dentelle.

Pour qui ?
Pour les dames de Paris.

LABYRINTHE

— 15 —

Date : Samedi le 18 mai

5 Je lis des syllabes.

l - a → la   m - a → ma

6 Je lis des mots d'une syllabe.

la - le - mal

7 Je lis des mots.

un lama - une lame - une malle

8 Je relie les 2 écritures du même mot.

le livre   •   • le lait

lundi   •   • lundi

le lait   •   • le livre

9 J'écris.

l   l   l   l   l   l   l

L   L   L   L   L   L

L   La   La   La   La

Les mêmes exercices se répètent :
– identifier et reconstituer la phrase clé (exercice 2) ;
– retrouver le son [l], puis la lettre *l* (exercices 3 et 4) ;
– les exercices de combinatoire commencent avec 3 lettres : on forme deux syllabes (exercice 5).

Les trois lettres déjà apprises permettent à l'enfant de lire quelques mots (exercices 6 et 7).

L'enfant apprend à reconnaître les différentes écritures d'une même lettre ou d'un même mot (exercices 4 et 8).

L'écriture de deux phrases (exercice 12) est préparée par un travail de structuration du temps (exercice 10) et par la révision des mots à savoir (exercice 11).

Date :

10 **Je numérote les moments de la journée de Zoé dans le bon ordre.**

2   1   3

11 **J'écris** le matin, à midi **ou** le soir **sous chaque dessin.**

le soir   le matin   à midi

lundi

le bol

le livre

voler

le

la

12 **Je complète un texte sur le lundi de Zoé.**

Le matin, le chat a bu le bol de lait.

À midi , Zoé a fait tomber sa glace.

I i
Y y

un ami
il y a

Lundi	Mardi	Mercredi	Jeudi	Vendredi
📖	2 + 2 = 4	Pas d'école	📖 ma	2 + 2 = 4
Récréation				
2 + 2 = 4	ma	*	2 + 2 = 4	📖 ma
Repas				
🏀	🏊	*	⛵	🎵
Récréation				
🐞🍃	📚	*	🐞🍃	Paris

MAXI DÉBAT

Qu'aimez-vous et que n'aimez-vous pas à l'école ?

• **Joies de l'école :**
– À l'école, on apprend à lire, écrire et compter, écouter de la musique, chanter, peindre, faire de la gymnastique…
– À l'école, on se fait des amis, on joue, on partage, on apprend à vivre avec les autres.

• **Contraintes de l'école :**
– Pour aller à l'école, il faut se lever tôt le matin et parfois se dépêcher.
– On doit obéir et on ne comprend pas toujours pourquoi.
– On doit faire des activités que l'on n'aime pas toujours.

Max aime bien le lundi, le mardi,

le jeudi et le vendredi.

Pourquoi ?

Car, à l'école, il y a ses amis !

je lis

lundi	mardi	jeudi	vendredi	ses amis	il y a
lundi	mardi	jeudi	vendredi	ses amis	il y a

Date : _____

1 J'entoure les bonnes réponses.

Max va à l'école
- le vendredi.
- le mercredi.
- le jeudi.

Max va à la piscine
- le lundi.
- le mardi.
- le jeudi.

COMPTINE

Bonjour, madame Lundi !

Comment ça va,
madame Mardi ?

Très bien,

madame Mercredi !

Dites à madame Jeudi

De venir Vendredi

Danser Samedi

Dans la salle de Dimanche.

2 Je souligne le mot quand j'entends le son [i].

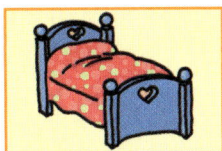

un lit   la pluie   un stylo   la lune

un nid   un balai   une libellule   une souris

3 Je relie les différentes écritures de chaque lettre.

l — I — y
y — L — l
i — Y — i

LE BON CHEMIN

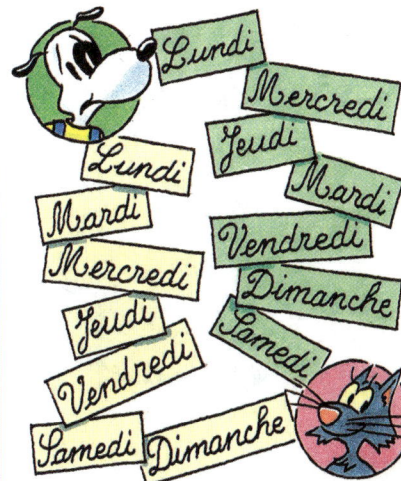

Lundi
Mercredi
Jeudi
Mardi
Lundi
Mardi
Vendredi
Mercredi
Dimanche
Jeudi
Samedi
Vendredi
Samedi Dimanche

4 Je lis des syllabes.

l – i → li   m – i → mi   i – l → il

la   ma   mi   li   ma   mi   il

Date :

5 **Je lis des mots d'une syllabe.**

un l**i**t - **il** l**i**t - la m**i**e

6 **Je lis des mots.**

un am**i** - une **î**le - mam**i**e - m**i**lle

7 **J'entoure le même mot que le modèle.**

ami	mardi	stylo
amour	midi	style
amer	*mardi*	stylet
ami	mari	*stylo*

8 **Je remets les syllabes dans l'ordre pour écrire des mots.**

 lundi

 jeudi

9 **J'écris.**

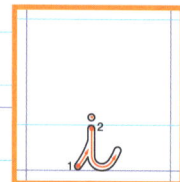

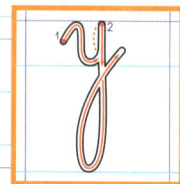

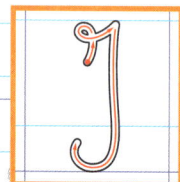

20

Date :

10 Je numérote les jours de la semaine dans le bon ordre.

mercredi 3

dimanche 7

jeudi 4

vendredi 5

lundi 1

mardi 2

samedi 6

11 Je choisis un jour de la semaine. Je complète l'emploi du temps de cette journée avec ce que j'aime faire.

lundi

lecture

Récréation

écriture

Repas

Piscine

Récréation

Musique

📖 lecture

✏️ écriture

2 + 2 = 4 mathématiques

🏊 piscine

⛵ arts plastiques

🎵 musique

💻 informatique

📚 bibliothèque

JE RETIENS

U u

la lune

MAXI DÉBAT

Pourquoi faut-il faire attention dans la rue ?

- En ville, la rue est dangereuse. La circulation est dense et on peut être distrait par quantité de choses (bruits, affiches, téléphones portables...).

- À la campagne, les routes sont aussi très dangereuses. Les voitures circulent souvent à grande vitesse.

- Il faut apprendre à respecter le Code de la route (traverser en restant très prudent sur les passages cloutés...).

Jules est dans la lune

Jules marche dans la rue. Il n'a pas vu le bus.

– Attention au bus ! hurle Max.

Jules recule, recule...

Et bute contre un mur !

je lis

Jules	la lune	la rue	le bus	un mur	il n'a pas vu
Jules	la lune	la rue	le bus	un mur	il n'a pas vu

22

Date :

1 Je relie.

Max •
Jules •   • est dans la lune.

Max •
Jules •   • hurle : « Attention au bus ! »

2 Je souligne le mot quand j'entends le son [y].

la lune   une souris   une plume   un mouton

3 Je relie les différentes écritures de chaque lettre.

u •   • A   • l
i •   • M   • a
m •   • L   • u
a •   • I   • m
l •   • U   • i

4 Je lis des syllabes.

m — u → mu   l — u → lu

mi   ma   mu   li   la   il   al

23

COMPTINE

Tortue, pourquoi te tais-tu ?

Tortue, tu es têtue !

Tu ne montres pas ta tête,

mais pourquoi la rentres-tu ?

A. Sylvestre

LABYRINTHE

JE SAIS DÉJÀ LIRE

moi - le chat

aller - maman

il y a - mais

le - papa

Date :

5 **Je lis des mots.**

une m**u**le - il a l**u**

6 **J'entoure le même mot que le modèle.**

lune	rue	bus
loup	roue	bois
lune	roi	bas
lundi	rue	bon
lutte	rire	bus

7 **Je remets les syllabes dans l'ordre pour écrire des mots.**

 la _lune_

 une _mule_

8 **J'écris.**

Date : _____

9 J'écris la bonne réponse :
oui **quand je peux ou** *non* **quand je ne peux pas.**

non
oui ✓

oui
non

non
oui

oui

10 J'écris tout ce que je vois dans la rue.

une poule   le bus   un mur   de l'herbe

des moutons   une plume   une voiture

Dans la rue, il y a le bus, une voiture

et un mur.

U u

la lune

JE RETIENS

Jules
la rue
la lune
le bus
un mur

il n'a pas vu

✓

Le papa de Zoé

P p

un pirate

MAXI DÉBAT

Connaissez-vous des métiers où les gens travaillent jour et nuit ?

- On a besoin des gens qui travaillent la nuit :
- – ils nous soignent (médecins, infirmiers, pharmaciens...) ;
- – ils nous protègent (pompiers, policiers, gardiens...) ;
- – ils nous restaurent et nous hébergent (restaurateurs, hôteliers...) ;
- – ils nous véhiculent (pilotes d'avions, chauffeurs de taxis...) ;
- – ils font marcher les usines jour et nuit...

Zoé aime parler de son papa.

– **Mon papa est pompier !** dit-elle.

– **Mon papa est pirate !** répond Jules.

– Ce n'est pas vrai, dit Zoé, il n'y a plus de pirates depuis longtemps !

je lis

le papa	un pompier	un pirate	parler	plus	depuis
le papa	un pompier	un pirate	parler	plus	depuis

Date :

1 **Je relie.**

Le papa de Zoé est ●   ● pirate.

                             ● pompier.

Zoé aime parler de son ●   ● chat.

                             ● papa.

2 **Je coche la place du son [p] dans chaque mot.**

3 **J'entoure toutes les lettres p.**

B	p	q	g	f	P	j
p	a	m	l	p	f	q
j	e	b	P	Q	p	u

4 **Je lis des syllabes.**

p → a → pa   p → i → pi   p → u → pu

la   ma   pa   mi   pi   li   mu   lu

[p]

COMPTINE

Pomme de reinette

Et pomme d'api,

Tapis, tapis rouge.

Pomme de reinette

Et pomme d'api,

Tapis, tapis gris.

LABYRINTHE

JE SAIS DÉJÀ LIRE

lundi - la lune

un bol - il n'a pas vu

un livre - dormir

L'**exercice 1** permet de vérifier que le sens du texte est bien compris.

L'**exercice 2** est nouveau : il exige que l'enfant localise le son dans le mot. Les syllabes orales ne correspondent pas toujours aux syllabes écrites. Dans ce type d'exercice, le choix a été fait de se référer aux syllabes écrites.

L'enfant peut maintenant lire plus de syllabes **(exercice 4)** et de mots **(exercices 5 et 6)**.

L'enfant commence à utiliser la ponctuation et les majuscules pour comprendre la notion de phrase **(exercice 10)**.

L'**exercice 11** prépare la rédaction d'un texte très court plus personnel **(exercice 12)**.

Date :

5 **Je lis des mots d'une syllabe.**

la **p**ie - un **p**ull - un **p**as - **p**lus - **p**uis - un **p**li

6 **Je lis des mots.**

animal

pap**a** - **p**ap**y** - la **p**ip**e** - la **p**ile - le **p**uma - **p**âle
la **p**luie - la **p**lume

7 **Je relie les 2 écritures du même mot.**

papa •   • une plume
parler •   • pas
une plume •   • papa
pas •   • parler

8 **Je remets les syllabes dans l'ordre pour écrire des mots.**

me plu   une *plume*

pi pe   une *pipe*

9 **J'écris.**

p   p   p   p   p   p

P   P   P   P   P   P

papa   papa   papa   papa

Date :

10 **Je mets les points pour séparer les phrases.**

Mon papa est pirate. Le papa de Zoé est pompier.

11 **Je choisis 4 métiers et je recopie leurs noms.**

maîtresse

médecin

médecin

pompier
pompier

danseuse

jardinier
jardinier

cuisinier
cuisinier

12 **Je choisis un métier qui me plaît.**

J'aimerais être *cuisinier*

un pirate

JE RETIENS

un **p**a**p**a
un **p**irate
un **p**o**m**pier

parler

plus
de**p**uis

BILAN 1

Cette évaluation porte sur les 6 premières semaines de travail. Elle reprend les types d'exercices que votre enfant connaît déjà.

Elle mesure ce qu'il sait :

• reconnaître les sons et les lettres *a - m - l - i - u - p - y*, ainsi que les mots qu'il a appris et qu'il sait lire et écrire (**exercices 1 à 4**) ;

• former des mots à partir de syllabes connues (**exercice 5**) ;

• lire et comprendre un très court texte composé des mots étudiés (**exercice 6**) ;

• reconnaître et associer les 2 écritures d'un même mot ou d'une même phrase (**exercice 7**) ;

• écrire quelques phrases (**exercice 8**).

L'enseignant lit une liste de mots. L'enfant doit reconnaître et entourer ceux qui sont dictés (**exercice 4**).

Date : a p m

1 Entoure tous les a en bleu, les p en vert, les m en rouge.

a	a	O	C	A	e	m
Z	i	a	i	l	J	l
x	G	i	l	u	M	n
a	P	M	N	s	L	a

2 Coche la place du son [l] dans chaque mot.

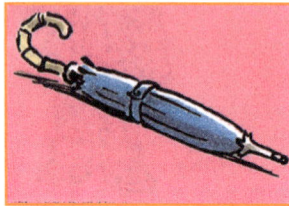  

3 Entoure le même mot que le modèle.

mur	livre	pirate
mule	lit	pompier
muse	lion	pirate
mur	livre	pitre
mûre	limace	pipe

4 Entoure les mots quand tu les entends.

le vélo - l'arbre - le chat - l'île - la météo - lundi

aujourd'hui - vite - je - l'école - le temps - il - bien

5 Remets les syllabes dans l'ordre pour écrire des mots.

une pile   un ami   la lune

Date :

6 Lis le texte.

Lundi, le chat de Zoé a bu le bol de lait.
Mardi, Max a lu un livre sur les pirates.

Entoure la bonne réponse.

Max a lu un livre sur

les chats.
les pompiers.
les pirates.

Le chat de Zoé a bu le lait

un mercredi.
un mardi.
un lundi.

7 Relie les écritures qui vont ensemble.

la lune ●　　　　● midi
il y a ●　　　　● la lune
Max a parlé ●　　　　● le chat
le chat ●　　　　● il y a
midi ●　　　　● Max a parlé

8 Écris les jours de la semaine où tu vas à l'école.

Je vais à l'école le

Le matin, il fait frais !

L'automne

Le soleil brille moins et les jours raccourcissent.

Une forêt en automne.

Les feuilles des arbres deviennent rouges, orange ou jaunes.
Elles vont bientôt tomber...

JANVIER FÉVRIER MARS AVRIL MAI JUIN JUILLET AOÛT SEPTEMBRE OCTOBRE NOVEMBRE DÉCEMBRE

Date :

1 **J'entoure les couleurs de l'automne.**

rouge   vert   bleu   jaune   violet   marron   orange

2 **Je coche la bonne réponse.**

En automne, les jours :
❏ rallongent.
❏ raccourcissent.

En automne, les feuilles des arbres :
❏ poussent.
❏ tombent.
❏ gèlent.

En automne, le soleil brille :
❏ toujours.
❏ plus.
❏ moins.

En automne, le matin, il fait :
❏ frais.
❏ chaud.
❏ bon.

3 **Je colorie en rouge les mois de l'automne.**

Janvier	Février	Mars	Avril	Mai	Juin
Juillet	Août	Septembre	Octobre	Novembre	Décembre

4 **J'écris le nom des 4 saisons dans le bon ordre :** l'été, l'hiver, l'automne, le printemps.

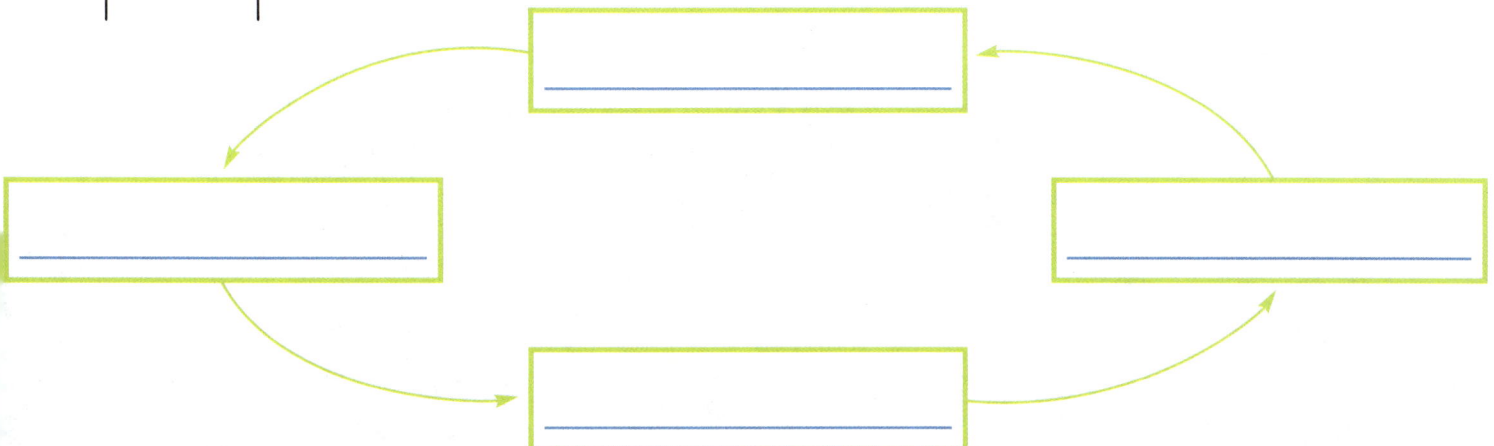

33

Des fruits de l'automne : des châtaignes... et des noix.

L'écureuil fait des provisions pour l'hiver :
il cache plein de glands et de noisettes !
C'est l'époque des châtaignes et des noix...
Ramasse-les !

5 **Je mets la photo de l'écureuil dans le bon ordre.**

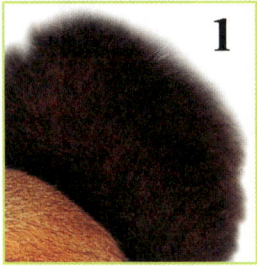

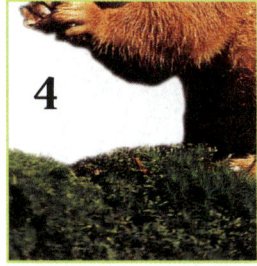

1
2
3
4

___	___
___	___

6 **J'écris la bonne légende sous chaque photo.**

_____   _____

7 **Je complète par vrai** **V** **ou faux** **F** **.**

En automne,

l'écureuil cache : • des noisettes. ☐   Il les cache : • pour s'amuser. ☐
                    • des souris.   ☐   • pour se nourrir
                    • des fleurs.   ☐   pendant l'hiver. ☐
                    • des glands.   ☐

8 **J'écris le nom des fruits que je trouve en automne.**

_____

_____

9 **Je complète la grille des mots croisés.**

1. C'est une saison.
2. C'est un animal.
3. C'est un fruit de l'automne.
4. C'est une couleur de l'automne.

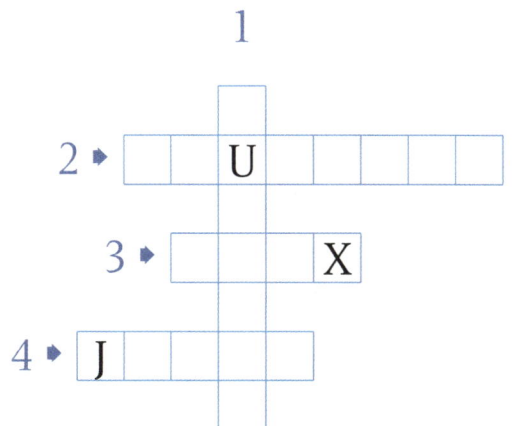

1

2 ▸ ☐ ☐ U ☐ ☐ ☐ ☐

3 ▸ ☐ ☐ ☐ X

4 ▸ J ☐ ☐ ☐

R
r

rire

MAXI DÉBAT

Est-ce que les dinosaures existent ?

• Il faut distinguer le présent ou le passé proche des temps lointains, voire de la préhistoire.

• Les dinosaures ont disparu il y a 65 millions d'années, probablement en partie à cause d'une collision entre notre planète et une énorme météorite ou d'un réchauffement de la planète.

Le dinosaure rouge

Max aime faire peur à sa petite sœur.
Il rit et cache son gros dinosaure rouge derrière lui. Quand Zoé s'approche,
Max rugit… « Raow ! »
Et jette le dinosaure sur elle !

je lis

le dinosaure	rouge	il rit	derrière
le dinosaure	*rouge*	*il rit*	*derrière*
sa sœur	gros	faire peur	sur
sa sœur	*gros*	*faire peur*	*sur*

Date : _____

1 Je réponds par *vrai* ou *faux*.

Max fait peur à Jules. _____

Zoé rit. _____

Le dinosaure de Max est rouge. _____

2 Je coche la place du son [r] dans le mot.

Trr, trr, trr,
c'est la souris qui gratte.

Rrr, rrr, rrr,
c'est le frigidaire
            qui ronronne.

Crr, crr, crr,
c'est le pied de la table
            qui s'étire.

J. et C. Held

MOT
MYSTÉRIEUX

papa   rame   pluie

3 J'entoure toutes les lettres r.

n	i	r	a	u	R	B
S	t	e	r	p	r	O
a	R	m	n	r	e	s

un pirate - plus

dimanche - il y a

un bus - un ami

la rue

4 Je lis des syllabes.

r – a → ra   r – i → ri   r – u → ru   a – r → ar   i – r → ir

ma   la   ra   mi   li   ri   il   ir   mu   lu   ur   ru

5 Je lis des mots d'une syllabe.

un **r**at - le **r**iz - il **r**it - la **r**ue
une ma**r**e - un mu**r** - mû**r**
pa**r** - pu**r** - une pa**r**t - un p**r**ix

6 Je lis des mots.

une mû**r**e - une ma**r**e - un ma**r**i - une **r**ame
une **r**ime - li**r**e - **r**i**r**e - il i**r**a - une la**r**me

7 Je relie les 2 écritures du même mot.

un dinosaure ●   ● gros

gros ●   ● un dinosaure

sur ●   ● faire

faire ●   ● sur

8 J'écris.

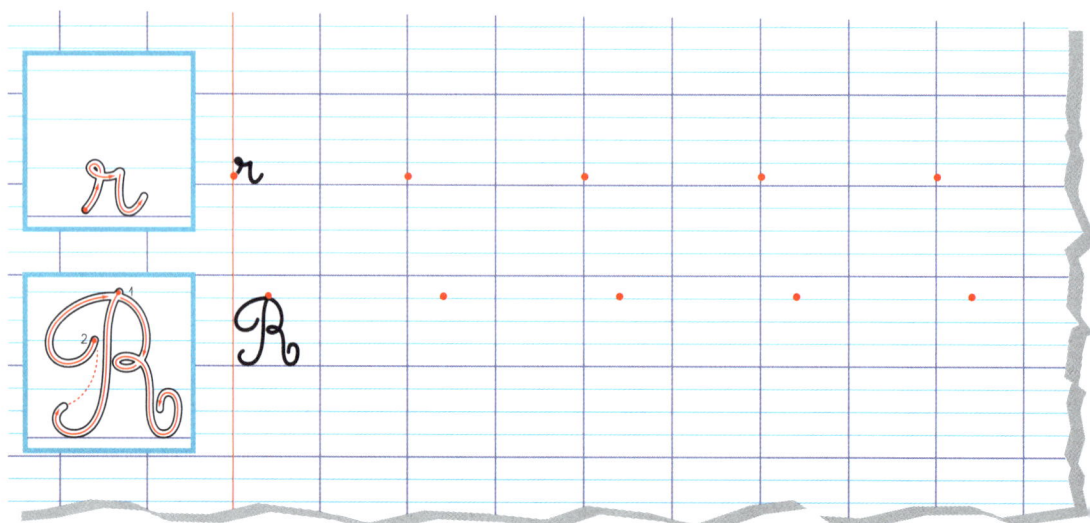

Date :

9   Je relie les syllabes pour écrire des mots.

ma •   • vre _____

lar •   • re _____

li •   • me _____

10   Je remets les lettres dans l'ordre pour écrire des mots.

u   r   m

r   a   t

un _____   un _____

11   J'entoure le même mot que le modèle.

rame	derrière	rouge	gros
rime	dernière	roule	gras
rame	dernier	route	gros
rate	derrière	ronge	gris
râle	denier	rouge	grue

12   J'écris.

Il rit   *Il rit*

— 39 —

[r]

DEVINETTES

● Je suis fait en pierre
ou en brique,
qui suis-je ?
Je suis :

❏ le mur ?

❏ la mûre ?

❏ la mare ?

● Je suis un petit
rongeur, qui suis-je ?
Je suis :

❏ le roi ?

❏ le riz ?

❏ le rat ?

MOTS MÊLÉS

R	I	M	E
I	B	A	C
R	A	R	E
E	D	I	E

R _____

M _____

R _____

R _____

L'enfant apprend maintenant à reconstituer une phrase avec les mots appris dans la leçon **(exercice 14)**.

Ces mots et les adjectifs de l'**exercice 15** lui serviront pour décrire le dinosaure **(exercice 16)**.

Date :

13 Je complète par *l* ou *r*.

une î_e

un mu_

la p_uie

un ca_table

une p_ume

un dinosau_e

14 Je remets les mots dans l'ordre pour écrire une phrase.

| un | Max | a | . | dinosaure |

| est | Le | gros | dinosaure | . |

R r

15 **Je souligne les noms des couleurs qui contiennent la lettre r.**

 bleu

vert

jaune

orange

noir

rose

rouge

violet

gris

marron

rire

JE RETIENS

un dinosau**r**e

la peu**r**

g**r**os

rouge

rire

fai**r**e

su**r**

de**rr**ière

- -

16 **Je colorie le dinosaure et je le décris.**

C'est un

Il est

É é
er

un **bébé**

p**l**eur**er**

MAXI DÉBAT

Qu'est-ce qu'un bébé ?

• Pour les aînés, l'arrivée d'un bébé est un événement qui à la fois leur fait plaisir et leur fait peur. Souvent, ils se sentent un peu oubliés : ils trouvent que leurs parents ne leur consacrent plus assez de temps. Il faut qu'ils comprennent qu'un bébé n'est pas autonome : il ne marche pas, il ne parle pas, il ne se nourrit ni ne s'habille seul... Mais ce n'est pas pour autant que leurs parents les aiment moins.

Un bébé chez Jules

– **Ma maman va avoir un bébé cet été**, dit Jules.
– S'il est comme Zoé, il va pleurer toute la journée ! dit Max.
– Tu crois ? Il va pleurer toute la journée ?
– Mais non, c'est pour rire ! s'écrie Max.
Zoé était un bébé génial !

je lis

é		er
un bé**bé**	la journ**ée**	pleur**er**
un bébé	la journée	pleurer
l'**été**	**g**énial	
l'été	génial	

Date :

1 J'entoure la bonne réponse.

La maman de Jules va avoir   un ami.
                                      Max.
                                      un bébé.

Le bébé va   pleurer.
                   parler.
                   rire.

2 Je souligne le mot en rouge quand j'entends le son [e] é et en bleu quand j'entends le son [ə].

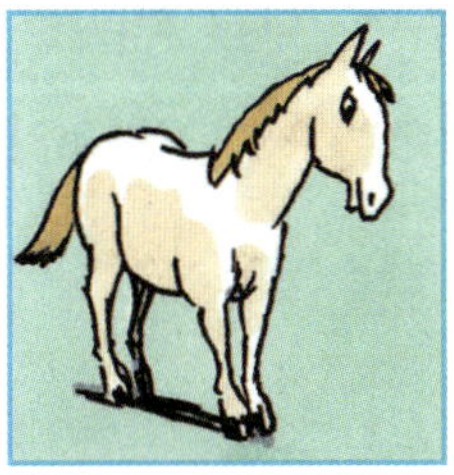

un cheval	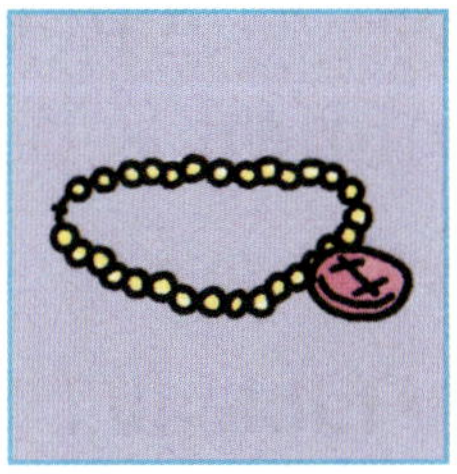 un collier	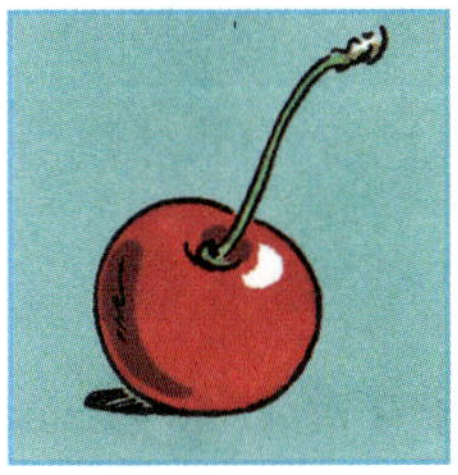 une cerise	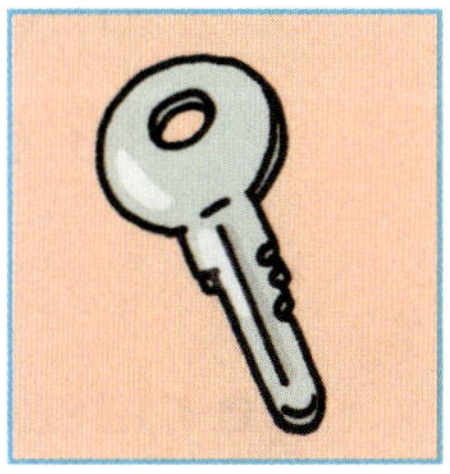 une clé
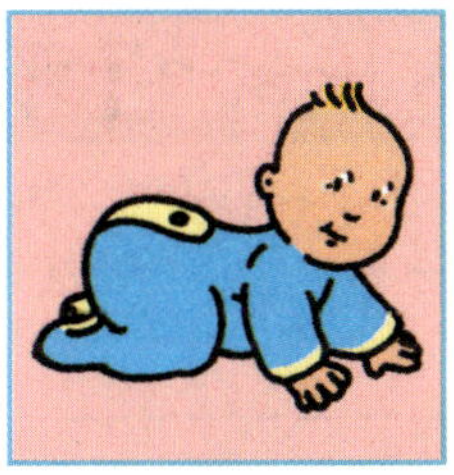 un bébé	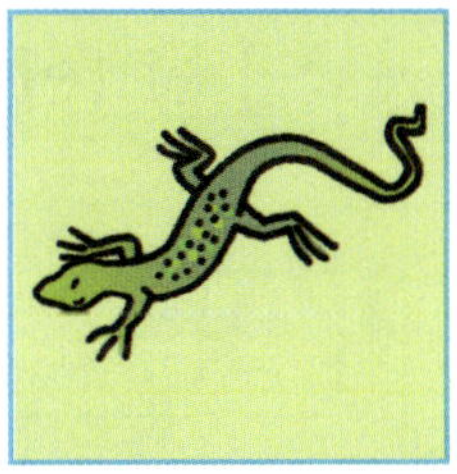 un lézard	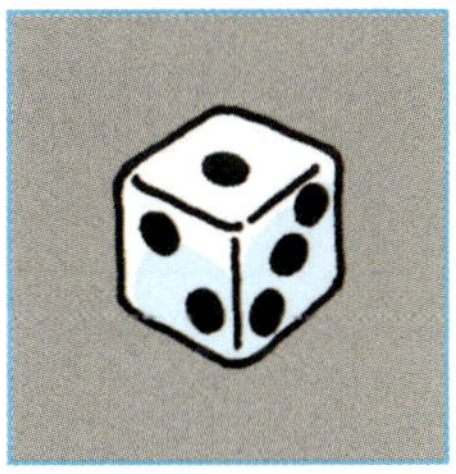 un dé	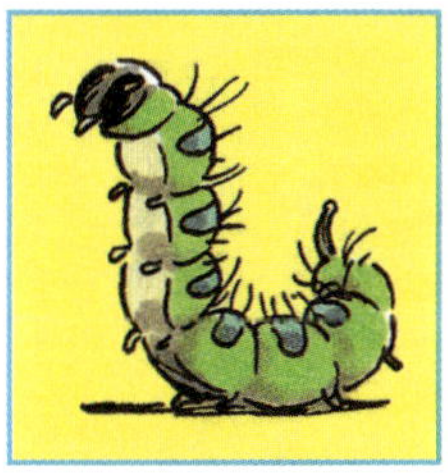 une chenille

3 J'entoure en rouge dans le texte 2 mots où le son [e] s'écrit é.

4 Je trouve un mot dans le texte où le son [e] s'écrit er et je l'écris.

[e]

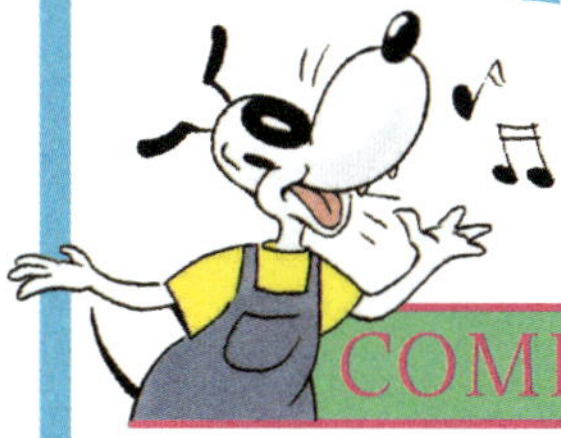

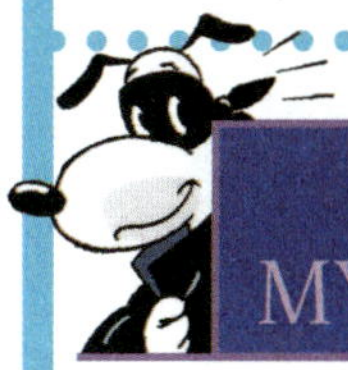

MOT MYSTÉRIEUX

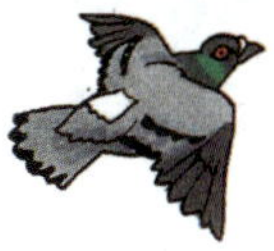

épée   pigeon

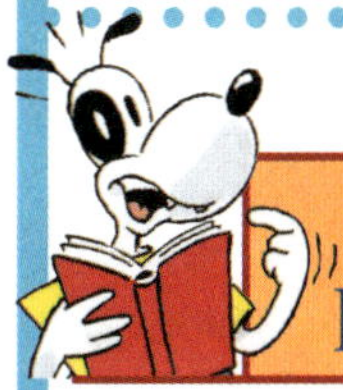

JE SAIS DÉJÀ LIRE

dormir - faire

rire - lire - parler

aller

43

5 Je lis des syllabes.

l – é → lé   r – é → ré   p – é → pé

le la lé mé mu mi me ré ra ri pé pu pe

6 Je lis des mots d'une syllabe.

un pr**é** - r**é** - **et**

7 Je lis des mots.

é   une **é**p**é**e - une all**é**e - la pur**é**e - un **é**pi

er râl**er** - ram**er** - mim**er** - parl**er** - appel**er**

8 Je classe les mots dans le tableau :

me, et, le, bébé, vendredi, été.

J'entends le son [e]	J'entends le son [ə]

9 J'écris.

é

er

Є

44

Le texte relate un événement de la vie familiale qui intéresse beaucoup les enfants. L'**exercice 1** porte sur la compréhension du texte.

On vérifie dans l'**exercice 2** que l'enfant différencie bien *e* et *é*.

Le son [e] s'écrit de plusieurs façons : *é - er - ez - et...* Seules 2 graphies ont été retenues ainsi que la conjonction de coordination *et* car elle est extrêmement fréquente **(exercices 3, 4, 6 et 7)**.

Les exercices sur les syllabes et les mots sont semblables aux précédents **(exercices 5, 6 et 7)**. Mais, pour apprendre à être attentif aux accents, de nouveaux exercices obligent l'enfant à observer et à classer **(exercices 8 et 13)**.

Date :

10 Je relie les syllabes pour écrire des mots.

é	•	•	bé
bé	•	•	té
pleu	•	•	née
jour	•	•	rer

11 Je remets les lettres dans l'ordre pour écrire des mots.

un _____

un _____

12 J'écris.

le bébé   le bébé

pleurer

l'été   l'été

— 45 —

[e]

DEVINETTES

● Avec des frites frites, on peut manger :

❑ un boulet ?

❑ un bébé ?

❑ un poulet ?

● Je fais le pain, qui suis-je ?
Je suis :

❑ le boucher ?

❑ le boulanger ?

❑ le jardinier ?

MOTS MÊLÉS

R	B	É	B	É	P
D	C	H	E	X	I
C	L	É	M	O	D
Z	T	É	P	I	G
M	O	R	É	T	É

B _____

C _____

É _____

É _____

13 Je range les mots dans la bonne armoire :

Zoé - un bébé - vendredi - un pompier - parler - aller - l'été - relire - un repas

é

er

e

14 Je remets les mots dans l'ordre pour écrire une phrase.

Maman | un | a | . | bébé

15 J'entoure dans chaque ligne les mots dictés.

• bébé - chat - matin - lundi

• pleurer - livre - stylo - pré

• papa - cartable - mimer - aller

• été - parler - Zoé - chez

L'**exercice 13** fait travailler sur les différentes graphies du son [e] et sur la différence entre le son [e] et le son [ə].

L'enfant apprend à écrire des phrases qui ont du sens et à mettre les points et les majuscules **(exercice 14)**.

L'enseignant lit une liste de mots. L'enfant entoure les mots qu'il reconnaît **(exercice 15)**.

L'enfant doit retrouver l'ordre chronologique d'une histoire **(exercice 16)**, compléter une carte d'identité simplifiée et la signer **(exercice 17)**.

Date :

16 Je numérote les dessins pour les mettre dans le bon ordre.

1. Zoé bébé.
2. Zoé à 4 pattes.
3. Zoé marche.
4. Zoé à l'école.

17 Je complète comme sur le modèle.

Je m'appelle Zoé.

Je suis née le

9 mars.

Signature : Zoé

---

ma photo

Je m'appelle _____

Je suis né(e) le

_____ en _____

Signature :

É é

er

un bébé

pleurer

JE RETIENS

l'été

un bébé

la journée

génial

pleurer

et

47

O o
au
eau

un haricot
le tuyau
l'eau

Drôle d'arrosage !

– **On va arroser les poireaux et les haricots !**
dit Jules en tenant le tuyau.
– **D'accord !** répond Max.
Aussitôt, Max ouvre le robinet trop fort
et pschitt !
Jules a plein d'eau partout !

je lis

o		au	eau
drôle	les haricots	le tuyau	les poireaux
drôle	les haricots	le tuyau	les poireaux
arroser	trop	aussitôt	l'eau
arroser	trop	aussitôt	l'eau

Date :

1 J'entoure la bonne réponse.

Max et Jules arrosent
- les poireaux et les mûres.
- les poireaux et les haricots.
- les mûres et les haricots.

C'est
- Max
- Jules
qui tient le tuyau.

Petit escargot

Porte sur son dos

Sa maisonnette,

Et quand il fait beau

Et quand il fait chaud

Il sort sa tête

Hourra !

2 Je souligne le mot quand j'entends le son [o].

un piano

un ours

un château

un vélo

un tuyau

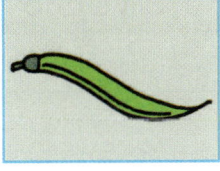

un haricot

le chocolat

un chapeau

un ballon

MOT MYSTÉRIEUX

rame

château

3 Je lis des syllabes.

l — o → lo   l — eau → leau   l — au → lau

mo ro po meau reau peau mau rau pau

JE SAIS DÉJÀ LIRE

derrière - un bébé

un mur - mardi

la peur

4 **Je lis des mots d'une syllabe.**

o   un m**o**t - un l**o**t - un p**o**t - un r**o**t

au   h**au**t - **au**

eau l'**eau** - la p**eau**

5 **Je lis des mots.**

o   all**ô** - un mul**o**t - une m**o**mie - ram**o**lli

au   l'ép**au**le - la p**au**me - une **au**to

eau le ham**eau**

6 **Je classe les mots dans le tableau :**

un mulot, la paume, le haricot, l'eau, le tuyau, le poireau, l'épaule.

J'entends le son [o]		
Je vois o	Je vois au	Je vois eau

7 **J'écris.**

o

au

eau

Date : _____

8 — Je remets les syllabes dans l'ordre pour écrire des mots.

reau
poi

rue
mo

un _____ une _____

9 — Je remets les lettres dans l'ordre pour écrire des mots.

a e
u

o r
t

l' _____ le _____

10 — Je complète les mots en ajoutant eau ou u.

un chap____

une fl_̂te

une tort__e

des l__nettes

un cham____

un rât____

11 — J'écris.

le haricot *le haricot*

le tuyau *le tuyau*

l'eau

[o]

DEVINETTES

● Sur la 🙂 tête, on met :

❏ un chapeau 🎩 ?

❏ un chameau 🐫 ?

❏ un château 🏰 ?

● Je mets un 🪖 casque pour faire :

❏ du judo 🥋 ?

❏ de la moto 🏍️ ?

❏ des gâteaux 🍰 ?

MOTS MÊLÉS

P	O	L	E	S	A
O	A	M	O	T	O
L	P	L	R	T	U
I	T	R	O	P	E

P _____

T _____

P _____

M _____

12 Je complète avec *un* ou *une*.

_____ zéro

_____ rose

_____ gâteau

_____ auto

_____ vélo

_____ moto

13 Je remets les mots dans l'ordre pour écrire une phrase.

| Max | les | poireaux | . | Mardi, | arrose |

14 Je mets les points pour séparer les phrases.

Jules arrose les haricots Il y a de l'eau partout

L'enfant apprend à écrire les articles en même temps qu'il travaille sur le masculin et le féminin **(exercice 12)**.

L'élève s'aide de la majuscule et du point pour donner du sens à la phrase **(exercice 13)**.

Dans l'**exercice 14**, l'enfant doit repérer la place des majuscules pour identifier le début et la fin de chaque phrase sans oublier de mettre le point.

L'**exercice 15** sur les pronoms prépare l'écriture d'un petit texte plus personnel **(exercice 16)**.

15 **Je complète avec Il ou Elle.**

Zoé roule à vélo.

_____ roule à vélo.

Jules saute à la corde.

_____ saute à la corde.

Max joue à des jeux vidéo.

_____ joue à des jeux vidéo.

16 **J'écris un texte sur mon ami ou mon amie.**

Mon ami s'appelle

a   ans.

Mon amie s'appelle

a   ans.

Avec   , je

O o
au
eau

un haricot
le tuyau
l'eau

JE RETIENS

le haricot
le tuyau
le poireau
l'eau

drôle

arroser

aussitôt
trop

ou
la cour

Dans la cour de l'école

5/n ε

MAXI DÉBAT

Êtes-vous pour ou contre les bagarres ?

- Quand on est en colère, la bagarre est-elle une solution ? On peut aussi parler, essayer de se comprendre…

- Quand on a gagné une bagarre, est-ce que ça prouve qu'on a raison ?

- Les plus grands ne doivent pas profiter de leur force pour battre les petits.

- Pourquoi les bagarres sont-elles interdites dans la cour de récréation ?

- Est-ce qu'il faut se venger, comme Max, quand on n'est pas content ?

Max est tout rouge : il est très en colère !
Des grands l'ont poussé dans la cour.
Il est tombé sur les genoux.
Max s'est vite remis debout, fou de rage.
Il ferme son blouson et court pour se venger.

je lis

la cour	rouge	tout	ils ont poussé
la cour	rouge	tout	ils ont poussé
les genoux	fou	pour	il court
les genoux	fou	pour	il court

54

[u]

1 Je réponds par *vrai* **V** ou *faux* **F**.

- ☐ Max est dans la cour de l'école.
- ☐ Jules l'a poussé et il est tombé.
- ☐ Max est tombé sur l'épaule.
- ☐ Il court pour se venger.

2 Je colorie quand j'entends le son [u].

3 Je lis les phrases et j'entoure les lettres qui font le son [u].

Max court dans la cour.

Mais on le pousse et il est rouge de colère.

4 Je lis des syllabes.

m–ou→mou l–ou→lou p–ou→pou ou–r→our

mi mur li lau lu pri pa pu ra rou or

CHANSON

Alouette, gentille alouette

Alouette, je te plumerai

Je te plumerai le cou

Je te plumerai les joues

A, A, A, A, Alouette...

MOT MYSTÉRIEUX

moulin   poule

JE SAIS DÉJÀ LIRE

l'eau - drôle

vendredi - trop - l'été

rouge - mercredi

5 **Je lis des mots d'une syllabe.**

un **lou**p - une r**ou**e - un p**ou** - **où** - l**ou**rd - m**ou**

r**ou**x - p**ou**r

6 **Je lis des mots.**

une m**ou**le - l'am**ou**r - une l**ou**pe - une p**ou**le

une p**ou**pée - r**ou**ler - un r**ou**leau - une t**ou**pie

7 **Je classe les mots dans le tableau :**

une peau, pour, l'eau, ou, un loup, au, une moule.

J'entends le son **[u]**	Je n'entends pas le son **[u]**

8 **J'écris.**

ou

où

Ou se prononce toujours de la même façon. Il faut 2 lettres pour former un seul son. L'enfant doit retrouver les mots où on entend le son [u] **(exercices 2 et 3)**.

Sur le même modèle que les leçons précédentes, l'enfant assemble les sons et les lettres pour former des syllabes et des mots **(exercices 4, 5, 6, 9 et 10)**.

La lettre *u* entre dans la composition de nombreux graphèmes. L'enfant doit donc lire avec précision et attention pour ne pas confondre *ou*, *au*... **(exercice 7)**.

C'est aussi en écrivant que l'enfant apprend que l'accent change le sens du mot **(exercice 8)**.

Pour être sûr que l'enfant fait bien attention à chaque lettre lorsqu'il lit, on choisit des mots qui se ressemblent **(exercice 11)**.

Date : _____

9 Je remets les syllabes dans l'ordre pour écrire des mots.

pou
le

pée
pou

une _____   une _____

10 Je remets les lettres dans l'ordre pour écrire des mots.

p
u
o

r   u
o   e

un _____   la _____

11 J'entoure le même mot que le modèle.

poule	loupe	roux
roule	poule	rouge
coule	coupe	roux
poule	loupe	riz
boule	chaloupe	roulis

12 J'écris.

pour

la cour   la cour

DEVINETTES

● C'est un animal qui vit à la ferme. C'est :

❑ le pou ?

❑ le loup ?

❑ la poule ?

● La moto :

❑ coule ?

❑ roule ?

❑ louche ?

MOTS CROISÉS

1. C'est un gros animal qui adore le miel.
2. Les autos roulent dessus.
3. C'est un jouet qui tourne.
4. Elle pond des œufs.

2

1 ► | O | U | R | S |

3 ► | T | | | E |

| T |

4 ► | | | | |

13 Je complète les mots en ajoutant *ou* ou *au*.

un tuy_____   un m_____ton   une p_____pée

une p_____le   une _____to   une t_____pie

14 Je complète avec *un*, *une* ou *des*.

_____ poules   _____ cour

_____ toupies   _____ fou

_____ loup   _____ poupées

_____ alouette   _____ roue

15 Je remets les mots dans l'ordre pour écrire une phrase.

| . | Max | genoux | sur | est tombé | les |

Date :

16 **J'entoure les règles de vie qui me permettent de bien vivre avec les autres.**

dire bonjour
le matin.

tirer
les cheveux.

partager
des gâteaux
avec des amis.

dire des choses
méchantes.

prêter
des jouets.

aider
un copain.

17 **Je choisis une règle de vie qui me paraît importante et je l'écris.**

Pour moi, c'est important de

JE RETIENS

la cour
le genou

rouge
fou

pousser
courir

pour
tout
ou
où

T t

une tarte

La fête de Jules

C'est mon anniversaire !
J'ai 6 ans et je suis très content :
maman a fait des tartes au chocolat.
Je t'invite samedi 10 décembre à 15 heures
à ma petite fête.
J'habite au 43, rue des Tulipes.
Tu peux venir déguisé.
J'attends ta réponse.
    À bientôt,   Jules.

MAXI DÉBAT

Qu'est-ce qu'une fête ?

Il existe plusieurs sortes de fêtes :

• les anniversaires, les réunions entre amis pour fêter un événement heureux ;

• les fêtes religieuses comme Noël pour les chrétiens, l'Aïd pour les musulmans, Pourim pour les juifs... ;

• les fêtes nationales qui célèbrent un événement historique majeur (le 14 Juillet, le 1er Mai...)

On peut faire observer le calendrier aux enfants pour en repérer quelques-unes.

je lis

la fête	content	je t'invite	très
la fête	content	je t'invite	très
des tartes	petite	j'habite	tu/ta
des tartes	petite	j'habite	tu/ta

COMPTINE

1 Je complète les phrases.

- C'est la fête chez _____.
- Il invite ses amis car c'est son _____.
- Il a _____.
- Sa maman a préparé _____
  _____

Trottent, trottent,

Trottent, trottent,

Mes jambes galopent,

Mes bottes tricotent,

Mes souliers gigotent.

A.-M. Chapouton

2 Je souligne dans l'invitation :

– en **rouge** la date de la fête ;

– en **bleu** l'adresse de Jules ;

– en **vert** la signature.

MOT
MYSTÉRIEUX

voiture   pipe
     licorne

3 Je colorie quand j'entends le son [t].

JE SAIS
DÉJÀ LIRE

un ami - aussitôt

et - rire - trop

la cour - pour

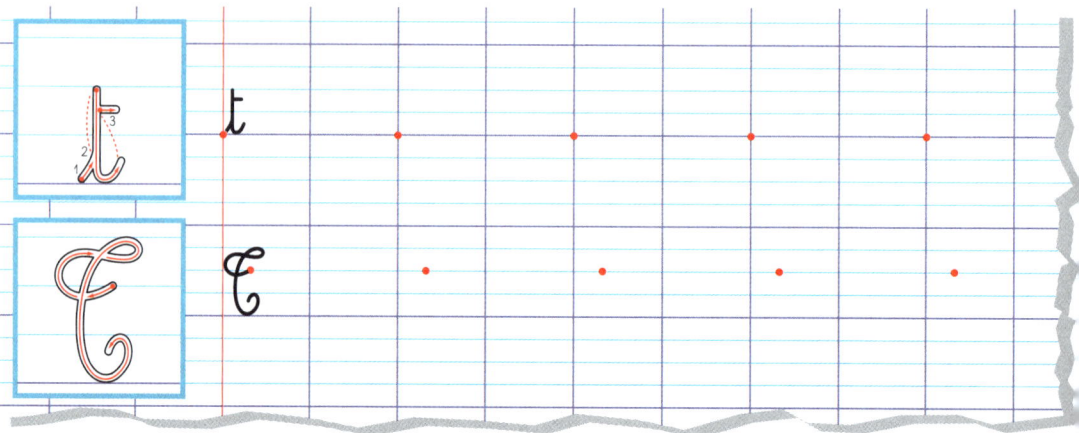

Date :

4 Je lis des syllabes.

t–a→ta   t–r–i→tri   t–é→té
t–a–r→tar   t–r–o→tro   t–eau→teau

pe tra pou lau mir te plu tre

5 Je lis des mots d'une syllabe.

tu - ta - un tas - trop - le thé - tout - une tour - un trou

6 Je lis des mots.

un tapis - petite - une tulipe - une tomate

un râteau - une tortue - utile - une otite

7 Je remets les syllabes dans l'ordre pour écrire des mots.

tue tor   ma te to

une _____   une _____

8 J'écris.

t   t

C   C

62

Date : _____

9 **Je remets les lettres dans l'ordre pour écrire des mots.**

s
t
a

ê
e
t
f

un _____   la _____

10 **J'entoure le même mot que le modèle.**

tir	tôt	tout
rit	ton	tous
tic	tas	tour
tir	tôt	tout
tri	trou	tort

11 **Je trouve la syllabe que les mots de chaque liste ont en commun.**

marteau	auto	tapis	otite
rateau	moto	Pistache	tirer
poteau	tomate	étape	parti
	total	tape	petite

↓ teau

↓

↓

↓

12 **J'écris.**

une tarte

très   très

DEVINETTES

● Le bébé de la grenouille est :

❏ le pétard ?

❏ le têtard ?

● Dans une maison, on pose par terre :

❏ un képi ?

❏ un papy ?

❏ un tapis ?

MOTS CROISÉS

| | | G | U | I | T | A | R | E |

13 Je complète avec tu, ta **ou** ti.

une trot___nette   une ___lipe   une tor___e

un ___pis   une voi___re   une gui___re

14 Je complète avec un, une **ou** des.

_____ pirate   _____ tortues

_____ tartes   _____ stylos

_____ trous   _____ tulipe

15 Je remets les mots dans l'ordre pour écrire des phrases.

| . | invite | amis | ses | Jules |

| fête | . | C'est | Jules | de | la |

L'enfant choisit l'article qui convient en observant la terminaison des mots **(exercice 14)**.

Dans cet exercice, l'enfant travaille sur la phrase **(exercice 15)**.

Le thème de la fête permet de travailler un type de texte familier des enfants : le carton d'invitation. L'**exercice 2** a permis de repérer la date et l'adresse – ce qui sera utile pour la rédaction des **exercices 16 et 17**.

16 **Je complète.**

Je suis né(e) le _____.

J'ai _____ ans.

J'habite : _____

_____

17 **Je complète le carton d'invitation et je le décore.**

C'est mon anniversaire ! J'ai _____ ans.

Je t'invite le _____

à une _____.

J'habite : _____

_____

À bientôt !

_____

T t

une tarte

JE RETIENS

la fê**t**e
une **t**ar**t**e

habi**t**er
invi**t**er

pe**t**it
con**t**ent

très
tu/**t**a

Zoé et le Père Noël

è ê ë
ai ei

Père Noël
la fenêtre
faire
la neige

MAXI DÉBAT

Que se passe-t-il à Noël ?

- On peut expliquer l'origine religieuse de la fête de Noël qui maintenant est célébrée par la plupart des gens en France, quelles que soient leurs convictions.

- On peut parler plus librement de la fête : la décoration du sapin, l'attente du Père Noël, les cadeaux…

Samedi 13 décembre

Cher Père Noël,

Je n'ai pas fait de bêtises depuis hier,
j'ai même été très sage avec mon frère !
Père Noël, la cheminée est pleine de poussière ;
alors, passe par la fenêtre, mais fais vite,
car il neige !
J'aimerais bien une paire de patins à glace
et un bol pour le lait de Pistache.

Je t'aime.

Zoé

je lis

è	ê	ai	ei
le p**è**re	m**ê**me	je n'**ai** pas f**ai**t	pl**ei**ne
le père	même	je n'ai pas fait	pleine
mon fr**è**re	la fen**ê**tre	je t'**ai**me	il n**ei**ge
mon frère	la fenêtre	je t'aime	il neige

Date : _____

1 **Je réponds aux questions sur le texte.**

Qui écrit la lettre ?

C'est _____ qui écrit la lettre.

À qui écrit-elle ?

Elle écrit _____.

J'entoure la date dans la lettre.

— Ma maison est un palais
                        de craie
caché dans la forêt,
disait le geai de la falaise.

— Ma maison est un balai,
dit la poussière au hérisson.

— Moi, ma maison,
elle est dans l'air,
dit la chanson.

                        M. Géhin

2 **Je souligne le mot quand j'entends le son [ɛ].**

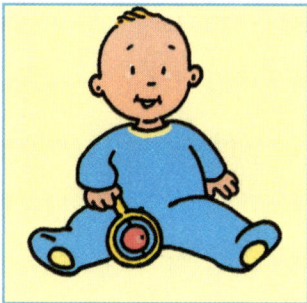      

le bébé   la fenêtre   la neige

la télévision   du lait   le nez

MOT
MYSTÉRIEUX

tête   tard

3 **J'entoure les mots du texte :**

– **en vert** quand le son [ɛ] s'écrit **è** ;

– **en bleu** quand le son [ɛ] s'écrit **ei** ;

– **en rouge** quand le son [ɛ] s'écrit **ai**.

JE SAIS
DÉJÀ LIRE

rouge - drôle - gros

petite - content

4 Je lis des mots d'une syllabe.

m**ai** - m**ai**s - la p**ai**x - l**ai**d - le l**ai**t - la r**ai**e - la t**ai**e
tr**è**s - pr**è**s - l**es** - tu **es** - il **es**t - elle **es**t - la m**er**

5 Je lis des mots.

è   la m**è**re - le p**è**re - la mati**è**re - un m**è**tre
ê   une ar**ê**te - la t**ê**te - **ê**tre
ai il **ai**me - l'**ai**le - une m**ai**rie - une p**ai**re - un m**aî**tre

6 Je classe les mots dans le tableau : mais, la mère, pleine, le père, le maire, la paix, très, la neige.

J'entends [ɛ]		
Je vois ai	Je vois è	Je vois ei

7 J'écris.

è
ê
ai
ei

8 **J'entoure dans chaque mot la même syllabe que la syllabe modèle.**

mer	mai	mè
(mer)credi	la mairie	mètre
un merle	la maison	mère
amer	amaigrir	amène
la mer	le maire	mèche

9 **Je remets les syllabes dans l'ordre pour écrire des mots.**

un _____ _____

10 **Je remets les lettres dans l'ordre pour écrire des mots.**

la _____ la _____

11 **J'écris.**

le père
la fenêtre   la fenêtre
faire   f   f

[ɛ]

DEVINETTES

- L'eau y est salée, c'est :
  - ❏ la mère ?
  - ❏ la mer ?
- J'ai :
  - ❏ un père de chaussures ?
  - ❏ une paire de chaussures ?
- Quand on dort, on fait :
  - ❏ la fête ?
  - ❏ la sieste ?
  - ❏ la tête ?

MOTS MÊLÉS

M	P	È	R	E	A
N	E	I	G	E	U
F	A	I	R	E	R
I	M	A	I	R	E

P _____

N _____

F _____

M _____

12   Je complète avec le bon accent : é ou è.

un bebe - le pere - la mere - tres

une epee - la tele - l'ete - derriere

13   Je recopie les deux phrases en mettant les points (.), et les majuscules.

le Père Noël apporte des patins à Zoé elle est contente

On poursuit le travail sur la ponctuation pour délimiter les phrases. Cette fois les enfants doivent recopier chacune des 2 phrases (exercice 13).

Les phrases à reconstituer contiennent de plus en plus de mots (exercice 14).

14   Je mets les mots dans l'ordre pour écrire une phrase.

| Noël | . | pour | bol | un | aura | Pistache |

L'enfant utilise le vocabulaire donné dans l'exercice 15 et la lettre au Père Noël (page 66) pour écrire, à son tour, une lettre.

Date : _____

15 **Je choisis des mots et j'écris une liste pour le Père Noël.**

un livre, un dinosaure, un chat, des patins,
une poupée, des pirates, des perles, une épée.

- _____
- _____
- _____
- _____

16 **J'écris, comme Zoé, une lettre au Père Noël.**

Cher
J'aimerais bien

Je t'aime.

è ê ë
ai ei

Père Noël
la fenêtre
faire
la neige

JE RETIENS

un père
un frère
une fenêtre

pleine

faire
aimer
neiger

même

71

BILAN 2

Cette évaluation porte sur les 6 semaines de travail précédentes.

Elle reprend les types d'exercices que votre enfant connaît déjà.

Elle mesure ce qu'il sait :

• reconnaître les sons et les lettres *r - é - o - ou - t - è* ;

• écrire des mots appris ou qu'il sait combiner **(exercices 2 et 3)** ;

• former des mots avec des syllabes **(exercice 4)** ;

• lire un petit texte à partir de mots connus **(exercice 5)** et le comprendre **(exercice 6)** ;

• rédiger un texte **(exercice 8)**.

Date :

1 **Relie les 2 écritures du même mot.**

Noël •　　　　　• *Noël*

une tarte •　　　　　• *le tuyau*

le tuyau •　　　　　• *une tarte*

2 **Écris les mots que tu connais sous les dessins.**

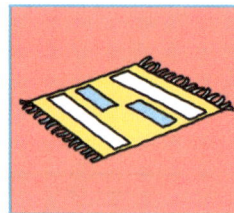

_____　_____　_____

_____　_____　_____

3 **Entoure les mots quand tu les entends.**
chez - aussitôt - et - très - bientôt - pour - sous - trop - d'abord - des - son - tout - aujourd'hui.

4 **Remets les syllabes en ordre pour écrire des mots.**

| to au | di mer cre | pi te ra |

une _____　_____　*un* _____

72

5 **Lis le texte.**

Zoé aime les autos,

les patins, les poupées.

Max aime les pirates,

les épées, les motos.

Pistache, le chat, aime le lait.

6 **Entoure ce que Zoé aime.**

un dinosaure - les pirates - les patins - le lait

les épées - les autos - les motos - les poupées

7 **Écris un mot que tu connais contenant :**

– **le son [o] :** _____

– **le son [u] :** _____

– **le son [e] :** _____

8 **Et toi, écris ce que tu aimes.**

J'aime

Il est gros !

L'éléphant

L'éléphant est aussi lourd que six voitures et aussi haut qu'un étage d'immeuble !

Quand l'éléphant a chaud, il agite ses **grandes oreilles** pour avoir de l'air. Elles lui servent de ventilateur.

Il fait chaud dans la savane...

Une bonne douche, ça fait du bien !

Sa trompe sert à tout :

elle aspire de l'eau, déracine les arbres et, en cas de danger, fait autant de bruit qu'un klaxon. Elle donne aussi des bisous...

C'est haut !

Date : _____

1 **Je complète par** vrai **V** ou faux **F** .

L'éléphant est :
- faible. ☐
- lourd. ☐
- petit. ☐
- haut. ☐

L'éléphant est :
- un animal sauvage. ☐
- un animal familier. ☐

2 **Je légende la photo avec les mots de la liste :**
une oreille, une défense, la trompe, les yeux.

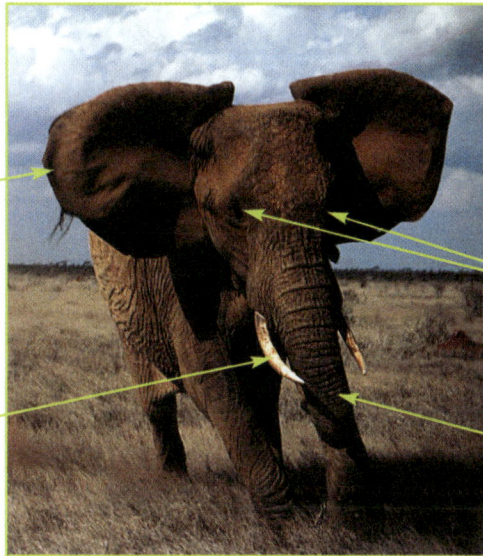

_____

_____

_____

_____

3 **Je devine à quoi sert la trompe de l'éléphant en entourant les mots cachés.**

A	S	P	I	R	E	R	B	C
Z	M	B	O	I	R	E	U	N
D	E	R	A	C	I	N	E	R
I	R	P	O	R	T	E	R	B

4 **Je complète les phrases.**

La femelle de l'éléphant s'appelle une _éléphante (bébé) eau_

Le petit de l'éléphant s'appelle un _____

La girafe

La girafe est le plus grand de tous les animaux. Elle est aussi haute qu'une maison de deux étages.

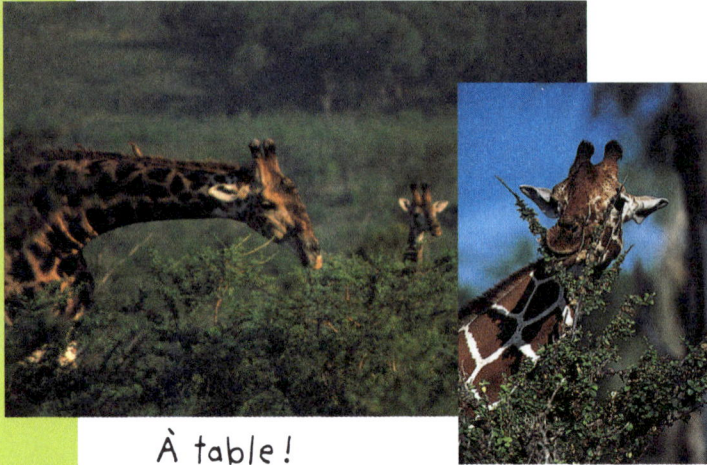

Grâce à son **long cou**, elle mange les feuilles tout en haut des arbres. Là, personne ne peut lui voler son repas !

À table !

Pas facile de boire...

Quand la girafe a soif, elle doit écarter ses pattes de devant. **Elle peut alors baisser la tête et boire l'eau.**

Elle est grande !

1 Je coche les bonnes réponses.

Pour boire, la girafe :   ❑ plie les pattes.
                          ❑ écarte les pattes.
                          ❑ lève les pattes.

La girafe est :   ❑ le plus grand
                  ❑ le plus petit ⟶ des animaux.
                  ❑ le plus gros

Elle mange :   ❑ des poissons.
               ❑ des mouches.
               ❑ des feuilles.

La girafe est un animal :   ❑ familier.
                            ❑ sauvage.

2 Je complète les phrases.

Le cou de la girafe est _____.

Il lui permet de _____.

3 Je relie chaque animal à son petit.

le lion •   • le louveteau

la girafe •   • le lionceau

le loup •   • le faon

la biche •   • le girafon

4 Je trouve la devinette.

« Moi aussi, j'ai un long cou qui me sert à boire et à manger.
Mais attention ! Je ne suis pas une girafe car je glisse sur l'eau. Qui suis-je ? »

_____

S s
SS
C c

le ski
une bosse
c'est

MAXI DÉBAT

Fait-on du sport pour devenir un champion ?

• On peut faire du sport pour bien grandir, pour être en bonne santé.
• On peut aimer le sport pour se détendre, gagner et se dépasser.
• Mais le sport à forte dose pour gagner à tout prix impose des exigences et nécessite des sacrifices : régime alimentaire, entraînement intensif… Ce rythme de vie peut se révéler épuisant pour les enfants.

La course de ski

Zoé glisse sur la neige.
Soudain, elle aperçoit une grosse bosse.
Elle se baisse et ferme les yeux.
**Zoé décolle de la piste et fonce
à toute vitesse !**
Elle entend un coup de sifflet.
C'est la fin de la course, Zoé a gagné !

je lis

s	ss		c
la course	une bosse	elle glisse	elle aperçoit
la course	une bosse	elle glisse	elle aperçoit
le ski	grosse	elle se baisse	c'est
le ski	grosse	elle se baisse	c'est

Date : _____

1 J'entoure le titre.

2 Je réponds aux questions.

Que fait Zoé ?

Elle

Qui gagne la course ?

C'est _____ *qui gagne la course.*

3 Je souligne le mot quand j'entends le son [s].

un oiseau   un poisson   des ciseaux   un bison

des skis   un vase   une fraise   un serpent

4 Je souligne les mots du texte quand j'entends le son [s].

[s]

CHANSON

Chanson de la Seine

La Seine a de la chance
Elle n'a pas de souci
Elle se la coule douce
Le jour comme la nuit
Et elle sort de sa source
Tout doucement, sans bruit…
Sans sortir de son lit
Et sans se faire de mousse,
Elle s'en va vers la mer
En passant par Paris.

J. Prévert

MOT MYSTÉRIEUX

livre   *cerise*

lama

JE SAIS DÉJÀ LIRE

taper - rattraper

aimer - courir - faire

rouler - sauter

Date :

5 Je lis des mots d'une syllabe.

s   **s**e - **s**a - **s**ur - **s**ous - **s**i - **s**ol - un a**s** - un o**s**
le **s**aut - le **s**eau - le **s**el

c   le **c**il - **ç**a - **c**e

6 Je lis des mots.

s   **s**alir - **s**ucer - une **s**aucisse - **s**emer - un **s**tylo

ss   li**ss**e - pa**ss**er - la ma**ss**e - la mou**ss**e

c   la **c**ire - la **c**ime - la mali**c**e - **c**'est - **c**eci - **c**ela
la pu**c**e - le pou**c**e - une épi**c**erie

7 Je classe les mots dans le tableau :

le ski, une place, la bosse, la cire, un cil, un poisson, le bus.

J'entends [s]		
Je vois ss	Je vois s	Je vois c

8 J'écris.

Date :

9 Je remets les syllabes dans l'ordre pour écrire des mots.

la _____   *la* _____

10 Je remets les lettres dans l'ordre pour écrire des mots.

_____ *un* _____

11 Je trouve la syllabe que les mots de chaque liste ont en commun.

des soucis la souris la soupe	une cerise une limace une épice	la cime la cire merci
sou		

12 J'écris.

Date :

13 **Je remets les mots dans l'ordre pour écrire des phrases.**

| ski | ? | Qui | du | fait |

| ? | a | Qui | course | gagné | la |

14 **Je copie les phrases en mettant la ponctuation (?, .) et les majuscules.**

Qui a gagné ? C'est Zoé.

• qui glisse sur la piste c'est Zoé

• qui est le frère de Zoé c'est Max

• qui est l'ami de Max c'est Jules

Approche de l'interrogation

• Exercice 13 : l'enfant recopie la phrase dans le bon ordre et n'oublie ni la majuscule, ni le point d'interrogation.

• Exercice 14 : l'enfant recopie les phrases interrogatives et affirmatives en respectant la ponctuation.

L'**exercice 15** fournit le vocabulaire nécessaire à la rédaction d'un texte plus personnel **(exercice 16)**.

_____ 82 Vic

Date :

15 **Je recopie des noms de sports.**

le football

le tennis

la natation

le trampoline

les rollers

le rugby

16 **Je choisis les sports que** j'aime **et les sports que** je n'aime pas.

J'aime

Je n'aime pas

S s
S s
C c

le **s**ki

une bo**ss**e

c'est

JE RETIENS

la bo**ss**e

la cour**s**e

le **s**ki

gro**ss**e

c'est

aper**c**evoir

gli**ss**er

se bai**ss**er

sous

sur

B b

une banane

MAXI DÉBAT

Pourquoi faut-il prendre un bon petit déjeuner ?

- On y prend l'énergie nécessaire pour être en forme toute la journée.

- Un bon petit déjeuner, ça fait grandir, c'est un moment de calme avant de commencer la journée.

- Max a-t-il raison ? Son petit déjeuner est-il équilibré ?

À table !

MENU
Tartines
Chocolat au lait
Fromage blanc
à la banane
Tarte aux
framboises

Ce matin, Max dit à Pistache :
– Je vais manger et boire tout ce que je veux !
D'abord, de la baguette avec du beurre,
un bol de fromage blanc à la banane,
puis une tarte aux framboises…
Max a beaucoup trop mangé.
Il sort vite de table : il a mal au cœur !

je lis

la table	du beurre	boire	d'abord
la table	du beurre	boire	d'abord
la baguette	la banane	blanc	beaucoup
la baguette	la banane	blanc	beaucoup

Date :

1 **Je relie.**

Max a mangé •
- • de la baguette avec du fromage.
- • de la baguette avec de la banane.
- • de la baguette avec du beurre.

Max a mangé •
- • un bol de lait.
- • un bol de framboises.
- • un bol de fromage blanc.

Max a •
- • trop mangé.
- • peu mangé.

Je souligne, dans le texte, la phrase qui prouve que Max a trop mangé.

COMPTINE

Un boa sur un baobab

Se pavanait tel un nabab.

Il se disait royal et fort

Comme Nabuchodonosor.

P. Coran

2 **J'entoure les mots de la phrase clé où je vois la lettre b.**

MOT MYSTÉRIEUX

3 **Je coche la place du son [b] dans le mot.**

sabot   table

JE SAIS DÉJÀ LIRE

4 **Je lis des syllabes.**

b–o→bo   a–b→ab   b–eau→beau   b–leau→bleau
b–a→ba   b–é→bé   b–le→ble   b–re→bre

du thé - le bol

le lait - des céréales

le riz - le sucre

la tarte - l'eau

Date :

5 Je lis des mots d'une syllabe.

bas - le **b**us - le **b**ol - le **b**ar - **b**eau - le **b**lé
le **b**out - le **b**ras - le **b**al - **b**u

6 Je lis des mots.

la **b**alle - **b**asse - la **b**ulle - le sa**b**ot - un **b**é**b**é
la **b**oule - la **b**arbe - le **b**oa - le **b**ao**b**ab - la ta**b**le
a**b**îmer - un a**b**ri - un ha**b**it - **b**ar**b**u - l'ar**b**re

7 Je remplace la première lettre de chaque mot par un ℓ pour faire un nouveau mot : lu → ℓu.

la malle → la ___alle   la peau → ___eau

mal → le ___al   la masse → ___asse

par → le ___ar   la moule → la ___oule

8 J'écris ℓu devant ou derrière les lettres pour faire un mot.

reau	bar	lle

un _____   une _____

9 J'écris.

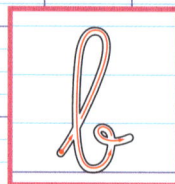

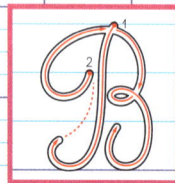

Date : _____

10 **Je remets les lettres dans l'ordre pour écrire des mots.**

b
é l

b r
a s

le _____   un _____

11 **Je complète les mots avec p ou b.**

le ___iano

un cha___eau

une ___anane

le ___lé

la ___alle

le tu___e

12 **J'écris.**

la banane   la banane

un arbre

DEVINETTES

● Je navigue
sur la mer avec :

❑ un bâton ？

❑ un ballon ？

❑ un bateau ?

● Le chameau
a 2 :

❑ bols ?

❑ bosses ?

MOTS MÊLÉS

Y	P	B	O	L	I
B	A	N	A	N	E
O	B	U	S	R	E
M	T	A	B	L	E

B _____

B _____

B _____

T _____

13 Je complète avec *le* ou *la*.

_____ banane   _____ baguette   _____ bol

_____ table   _____ beurre   _____ bonbon

14 Je complète.

une baguette → deux baguettes

une banane → des bananes

un ballon → dix _____

un bras → deux _____

un _____ → deux bébés

une table → des _____

un _____ → six arbres

15 Je recopie les deux phrases en mettant les points (.) et les majuscules.

Max mange du fromage il mange aussi une banane et une tarte

On travaille sur le genre (masculin/féminin : **exercice 13**) et sur le nombre (singulier/pluriel : **exercice 14**).

La ponctuation **(exercice 15)** se travaille sur 2 phrases à délimiter. Ces phrases apportent du vocabulaire pour l'**exercice 17**.

Le thème du petit déjeuner et de l'équilibre alimentaire permet de travailler sur un type de texte connu et aimé des enfants : le menu.

L'enfant connaît déjà les mots de l'**exercice 16**, il les révise avant de les utiliser dans un texte construit sur le modèle du menu page 84 et où il peut exprimer ses goûts **(exercice 17)**.

16 Je relie chaque mot à son image.

- une baguette •
- du chocolat •
- du fromage •
- des tartes •
- une banane •
- une pomme •
- du lait •

17 J'écris mon menu préféré au petit déjeuner.

∞ MENU ∞

B b

une banane

JE RETIENS

la **b**anane
la **b**aguette
le **b**eurre
la ta**b**le

blanc

boire

beaucoup
d'a**b**ord

C c
Qu qu
K k

une école
un quartier
un kiosque

Où est l'école ?

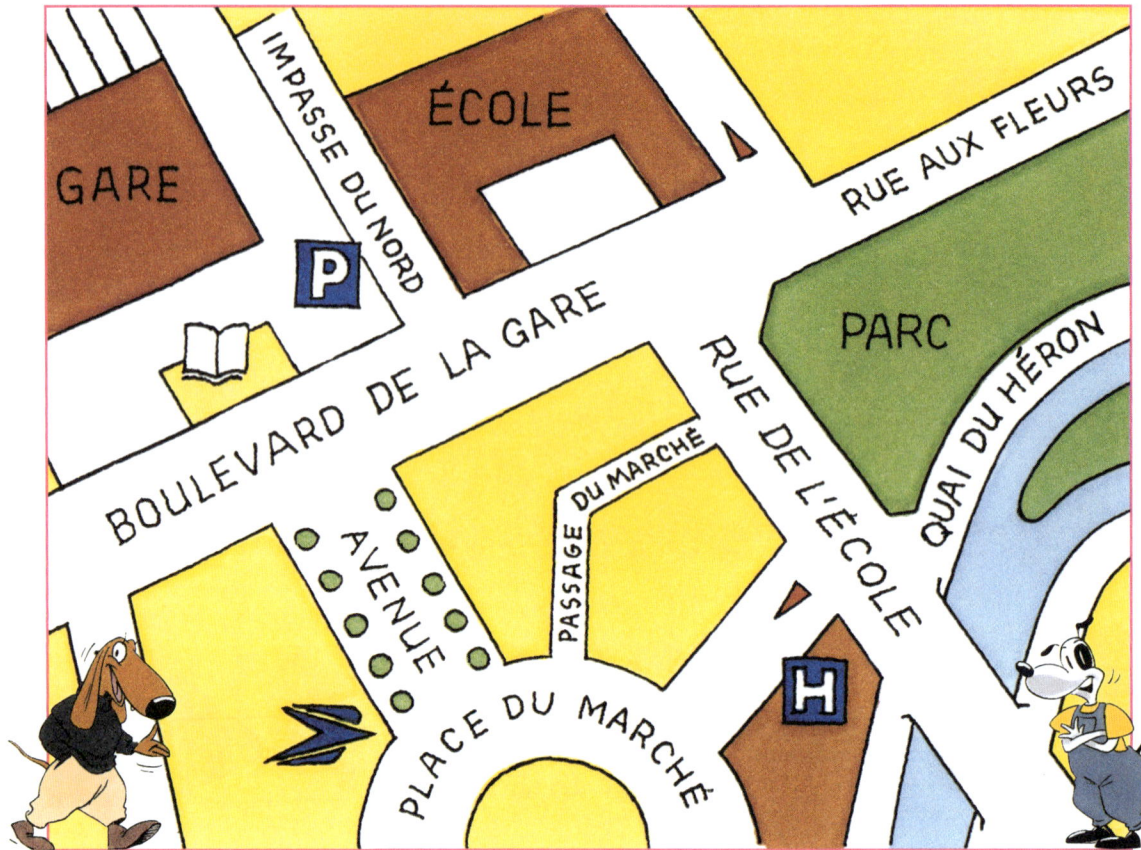

– Voici un plan du quartier, dit la maîtresse.
Où est l'école ?
Max et Jules prennent chacun un plan.
– Je vois le parc, le kiosque à journaux…
Ah, voilà l'école, qui est à droite, à côté du parking de la gare, dit Jules.
– Où ça ? répond Max. Moi, je la vois à gauche !
– Ha, ha ! se moque Jules. Évidemment, tu tiens ton plan à l'envers !

je lis

c		qu	k
l'école	chacun	le quartier	le kiosque
l'école	chacun	le quartier	le kiosque
le parc	à côté	il se moque	le parking
le parc	à côté	il se moque	le parking

Date :

1   **Je coche la case si c'est vrai.**

❏ Max et Jules cherchent le parc.

❏ L'école est à droite, à côté du parking.

❏ L'école est à gauche, à côté du parking.

Je réponds à la question par une phrase.
Qui se trompe ?

2   **Je souligne le mot quand j'entends le son [k].**

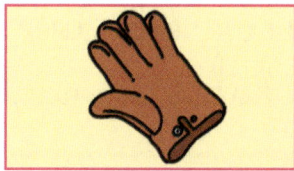 un gant

 une cerise

 un perroquet

 une guitare

 un canard

 un ski

3   **J'entoure les lettres qui font le son [k].**

Tous les mercredis, Jules joue au basket avec son équipe.

Il aime aussi faire du ski, la course et du karaté.

4   **Je lis des syllabes.**

c→a→ca   a→c→ac   c→o→co   c→ou→cou

k→é→ké   k→i→ki   qu→i→qui   qu→e→que

— 91 —

[k]

COMPTINE

Cric et Crac

Cric et Crac
Des ours dans mon parc
Flic et Flac
La pluie sur un lac
Tic et Tac
L'horloge est patraque
Fric et Frac
Trois tours dans mon sac
Mic et Mac
Voyez quel micmac !

L. Bérimont

MOT MYSTÉRIEUX

perle   bouquet

rose

JE SAIS DÉJÀ LIRE

la rue - tu - sous
par - écrire - et
appeler - tourner
passer - j'ai vu

Date :

5 Je lis des mots d'une syllabe.

c   un **c**ar - le **c**ou - un **c**lou - le **c**orps - un sa**c** - **c**ru
un ar**c** - un **c**oup - un **c**ri - **c**ourt - la **c**raie - la **c**lé

qu **qu**i - **qu**e - **qu**el - **qu**elle

6 Je lis des mots.

c   une **c**ape - un **c**rapaud - un **c**ube - un **c**limat
un **c**oqueli**c**ot - à **c**ôté - un é**c**lair - é**c**rire

k   un **k**épi - un **k**oala - s**k**ier - un **k**ilo - le **k**araté

qu une é**qu**ipe - **qu**itter - pi**qu**er

7 Je classe les mots dans le tableau : un kilo, un crabe, une piqûre, le ski, un colis, un kaki, un paquet.

J'entends [k]		
Je vois c	Je vois k	Je vois qu

8 J'écris.

c

k

qu

92

Date : _____

9

J'écris 3 mots avec la syllabe `co` .

cho	co	pie	co	lat	lis	co

un _____ une _____ un _____

10

Je remets les lettres dans l'ordre pour écrire des mots.

une _____ un _____

11

Je complète avec `ca`, `co` **ou** `cou`.

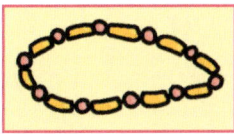   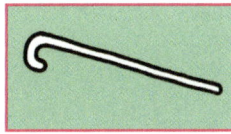

un ___llier un ___nard un ___ssin une ___nne

  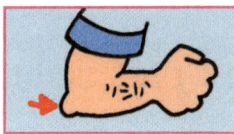 

un hari___t un abri___t un ___de une ___pe

12

J'écris.

C C

K K

g g

— 93 —

● Pour ouvrir la porte, je prends :

❏ un clou ?

❏ une clé ?

❏ une craie ?

● Pour sortir avec ma classe, je prends :

❏ le corps ?

❏ le cou ?

❏ le car ?

MOTS MÊLÉS

K	O	A	L	A
É	T	B	É	R
P	L	A	C	C
I	Q	U	I	Q

K _____

K _____

A _____

Q _____

L _____

Date :

Le genre (masculin/féminin) est travaillé sur les noms **(exercice 13)**.

13 Je classe les mots dans le tableau : carotte, course, costume, quartier, caramel, équipe, casquette, corbeau, case, cirque, carte.

un - le 5	une - la 6

L'**exercice 14** introduit les pronoms *il/elle*. On commence par remplacer les noms propres (*Jules*, *Max*...) parce que c'est plus facile pour l'enfant.

14 Je complète avec Il ou Elle.

Zoé lit le plan du quartier. Elle lit le plan du quartier.

• Jules court dans la rue. _____ court dans la rue.

• Max est dans le parc. _____ est dans le parc.

• L'école est près de la mairie. _____ est près de la mair

Dans l'**exercice 15**, l'enfant forme les phrases interrogatives en respectant la ponctuation.

15 Je remets les mots dans l'ordre pour écrire des phrases.

| est | Où | ? | école | l' |

| se | Max | de | ? | moque | Qui |

Le texte à écrire **(exercice 17)** reprend le thème débattu en classe ; il est préparé par l'**exercice 16**.

16 **Je relie la bonne légende au bon dessin.**

regarder
un plan
du quartier

écrire
mon adresse

demander
mon chemin
à un policier

appeler quelqu'un
chez moi

17 **J'écris un texte pour expliquer ce que je fais si je me perds.**

Si je me perds, je peux

C c
Qu qu
K k

une école
un quartier
un kiosque

JE RETIENS

une école
le parc
le quartier
le kiosque
le parking
se moquer
chacun
à côté
qui
que
quel/quelle

Dd

une odeur

MAXI DÉBAT

Qu'est-ce qu'on trouve en ville ?

Qu'est-ce qu'on trouve à la campagne ?

• On peut d'abord essayer de décrire la ville et la campagne en observant les 2 photographies proposées.

• On peut ensuite comparer les paysages, les odeurs, les bruits, l'habitat, les transports.

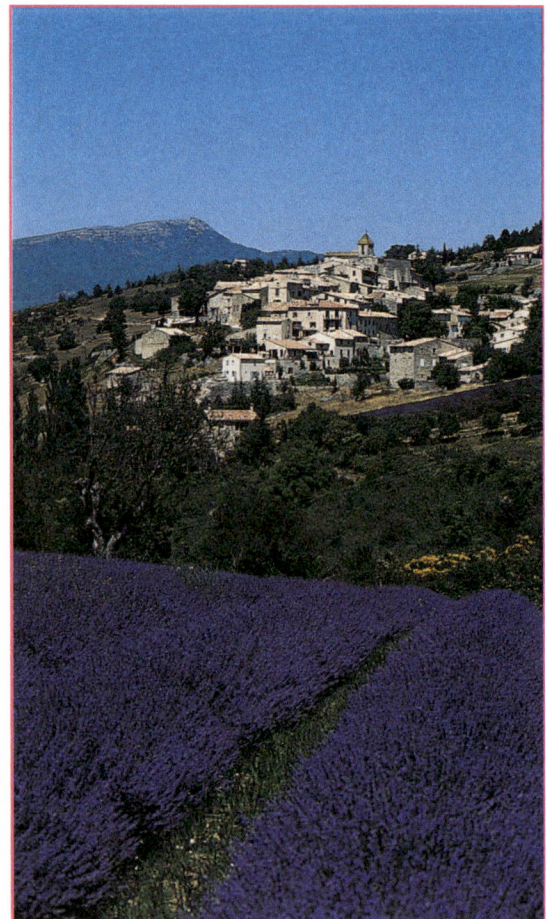

Drôles d'odeurs...

– Ça sent drôlement mauvais, ici en ville ! dit David, le cousin de Max.

– C'est l'odeur des voitures ! répond Max.

– **Moi, depuis que j'habite à la campagne, je respire l'odeur des fleurs ! dit David.**

– L'odeur de quoi ? demande Max. Je n'entends rien ! Comme il y a trop de bruit, ils décident de se parler avec les mains.

je lis

les odeurs	il demande	drôlement	de
les odeurs	il demande	drôlement	de
il dit	ils décident	depuis	des
il dit	ils décident	depuis	des

96

1 Je réponds aux questions par une phrase.

Où sont Max et David ?

_____

Qui dit : « C'est l'odeur des voitures ! » ?

_____

Qui dit : « Je respire l'odeur des fleurs ! » ?

_____

2 Je relie.

L'odeur des voitures ●

     ● sent bon.

     ● sent mauvais.

David habite ●

     ● en ville.

     ● à la campagne.

3 Je souligne le mot quand j'entends le son [d].

 un marteau
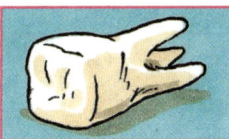 une dent
 un domino
 une porte

 un râteau
 un radis
 un rideau
 dix

4 Je lis des mots d'une syllabe.

de - **d**es - **d**u - un **d**é - le **d**os - il **d**it - **d**ur - **d**oux

COMPTINE

Dans le désert
Déambule un dromadaire.
Sur son dos, dodelinant
De dune en dune,
Un bédouin dort.

J. Hoestlandt

MOT MYSTÉRIEUX

mari — dire
drôle — lampadaire

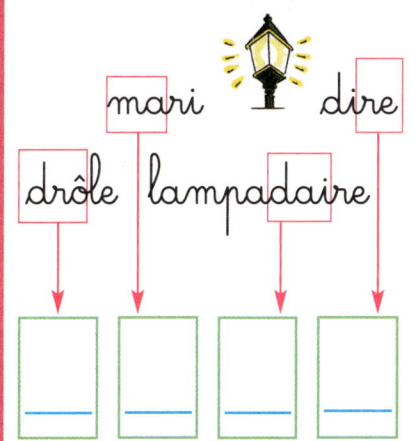

JE SAIS DÉJÀ LIRE

une auto - un parc
à côté - une moto
le bus - la rue
un arbre - il y a

Date :

5   Je lis des mots.

la **d**ame - la **d**ate - mi**d**i - mar**d**i - une **d**ispute
mala**d**e - un **d**rap - un **d**rapeau - **d**rôle - i**d**iot
une a**d**resse - **d**écouper - **d**essiner - per**d**re - rai**d**e

6   J'écris dé **devant chaque verbe pour former un nouveau verbe :** coller → décoller.

plaire → _____ | faire → _____

couper → _____ | mêler → _____

7   Je complète les phrases avec les mots :

devant, derrière.

Pistache est _____ la maison. | Zoé est _____ un arbre.

8   J'écris.

d

D

Date : _____

9 Je remets les syllabes dans l'ordre pour écrire des mots.

de la sa

re dai ma dro

la _____   le _____

10 Je remets les lettres dans l'ordre pour écrire des mots.

d t e a

m d i i

la _____   _____

11 Je complète les mots en ajoutant d ou t.

un pira__e   un é__é   __ur

un ma__elas   une o__eur   un ra__is

un __rap   une __ame   __rop

12 J'écris.

une odeur

dans dans dans

— 99 —

DEVINETTES

- Avec mon stylo, j'écris :
  ❑ la patte ?
  ❑ la date ?
  ❑ la tarte ?

- Sur la mer, il y a :
  ❑ un râteau ?
  ❑ un radeau ?
  ❑ un rideau ?

MOTS MÊLÉS

D	R	A	P	D	I
S	A	L	A	D	E
I	M	I	D	I	A
E	R	A	D	I	S

D _____

S _____

M _____

R _____

Date :

13 J'entoure en **bleu** les mots au singulier et en **rouge** les mots au pluriel.

Max et Jules sont (des amis). Max a (une sœur) qui s'appelle Zoé.

Max habite dans une ville. Il respire les odeurs des voitures. David habite à la campagne. Il respire les odeurs des fleurs. Tous les deux aiment la nature.

14 Je mets un point (.) ou un point d'interrogation (?).

- Je préfère habiter à la campagne

- Qui préfère l'odeur des fleurs

- Où habite Max

- C'est l'odeur des voitures

15 Je remets les mots dans l'ordre pour écrire une phrase.

l'	aime	odeur	Qui	?	fleurs	des

Après avoir travaillé sur la ponctuation d'une phrase déclarative, on demande à l'enfant de repérer les phrases interrogatives et de les ponctuer correctement **(exercices 14 et 15)**.

Classer et comparer sont des activités qui exercent l'intelligence de l'enfant. Ici, c'est sur un sujet qu'il connaît bien **(exercice 16)**.

Cela lui permet ensuite de justifier ses choix **(exercice 17)**.

16 **Je classe les mots dans le tableau :**

des spectacles, des animaux, des boutiques,

des prés, des odeurs de fleurs, des autos, des parcs,

du bruit, de l'air pur, de l'air pollué.

En ville, il y a…	À la campagne, il y a…

17 **J'écris un texte sur** la ville **ou** la campagne.

Je préfère

parce qu'il y a

D d

une odeur

JE RETIENS

l'o**d**eur

dire
deman**d**er
déci**d**er

drôlement

de
des
depuis

N n

MAXI DÉBAT

Que faites-vous pour respecter la nature ?

- Il existe plusieurs manières de respecter la nature :
- – respecter la faune et la flore et ne pas les maltraiter ;
- – ne pas gaspiller l'eau car elle est précieuse ;
- – polluer le moins possible en voiture en prenant l'essence adéquate ;
- – jeter ses papiers et ses ordures ménagères dans une poubelle ;
- – faire un tri sélectif des déchets (verre, papier, compost…) ;
- – participer à des opérations de collecte ou de ramassage des détritus ;
- – privilégier les transports en commun pour ne pas polluer, etc.

Un dimanche dans la nature

Les parents de Jules emmènent Jules et Max faire une promenade et pique-niquer.
Après le déjeuner, **Max lance sa peau de banane et abandonne ses papiers de bonbons dans la nature.**
– Non, tu n'es qu'un cochon ! ronchonne Jules.
Ennuyé, Max promet qu'il ne jettera plus ses papiers n'importe où…
Mais il continuera à manger des bonbons !

je lis

la nature	le déjeuner	non	il abandonne
la nature	le déjeuner	non	il abandonne
une promenade	une banane	ils emmènent	il ne jettera plus
une promenade	une banane	ils emmènent	il ne jettera plus

Date : _____

1

J'écris vrai **V** ou faux **F**.

☐ Les parents de Max emmènent Jules se promener.

☐ Jules et Max pique-niquent un dimanche.

☐ Max lance sa peau de banane dans la nature.

☐ Jules promet qu'il ne mangera plus de bonbons.

Je réponds à la question par une phrase.

Que promet Max ? _____

_____

COMPTINE

Un canard dit à sa cane :

Ris cane, ris cane.

Un canard dit à sa cane :

Ris cane et la cane a ri.

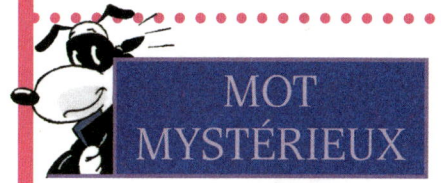

2

Je coche la place du son [n] dans le mot.

☐☐☐ ☐☐☐ ☐☐☐ ☐☐☐

☐☐☐ ☐☐☐ ☐☐☐ ☐☐☐

MOT MYSTÉRIEUX

tiroir

tarte   canne

3

Je lis des syllabes.

n a → na   n i → ni   n u → nu   n é → né

no   na   nau   nou   ni   nu   nai   né

JE SAIS DÉJÀ LIRE

respecter - polluer

salir - ramasser

trier - une poubelle

103

Le *n* se prononce souvent [n] mais, combiné à d'autres lettres comme dans *on*, *an*, *en*, il se prononce autrement et parfois même ne se prononce pas du tout (pluriel : *ils chantent*) **(exercice 6)**.

Les lettres *n* et *m* sont très proches ; il faut apprendre à les distinguer **(exercice 10)**.

4 **Je lis des mots d'une syllabe.**

un **n**id - **n**ul - **n**u - **n**ous - **n**e - un **n**erf - **n**i

5 **Je lis des mots.**

u**n**e **n**appe - un **n**uméro - u**n**e **n**atte - la pa**n**ique
un a**nn**eau - u**n**e a**nn**ée - la **n**ature - i**n**utile - la lune
u**n**e semai**n**e - **n**ourrir - **n**oter - pu**n**ir - u**n**ique

6 **Je classe les mots dans le tableau :** *les parents, dimanche, un ananas, la nature, des lunettes, un bonbon.*

Je vois *n* et j'entends **[n]**	Je vois *n* mais je n'entends pas **[n]**

7 **J'écris.**

104

Date : _____

8 Je remets les syllabes dans l'ordre pour écrire des mots.

 mé
ro
nu

 te
nu
mi

un _____   une _____

9 Je remets les lettres dans l'ordre pour écrire des mots.

 i
n d

 u n
l

un _____   _____

10 Je complète les mots en ajoutant n ou m.

 le ___uguet

 un ___avire

 la ___eige

 un ca___ion

 du fro___age

 un ca___ard

11 J'écris.

la nature

non

[n]

DEVINETTES

● La nuit,
on admire :

❏ la prune ?

❏ la plume ?

❏ la lune ?

● Les 🦉 oiseaux
font :

❏ un nid ?

❏ un nez ?

❏ un mot ?

MOTS MÊLÉS

A	L	U	N	E
N	U	I	T	Z
A	N	N	E	E
N	U	L	L	E

L _____

N _____

A _____

N _____

Date :

Le plus souvent,
à l'oral,
on n'utilise pas
le *ne* de la négation.
Il est donc
très important
de le repérer
pour l'apprendre
(exercice 12).

12 J'entoure les mots qui transforment les phrases en leur contraire.

Max lance ses papiers par terre.
→ Non, il ne lance pas ses papiers par terre.
- Il court dans les prés.
→ Non, il ne court pas dans les prés.
- Jules regarde la Lune.
→ Non, il ne regarde pas la Lune.
- Elle dessine un arbre.
→ Non, elle ne dessine pas un arbre.

13 J'écris J'aime ou Je n'aime pas sous chaque illustration.

_____ dormir.   _____ les moustiques.

_____ les fourmis.   _____ les cabanes.

Le thème
de la protection
de la nature
intéresse les enfants.
Les **exercices 12,
13 et 15** préparent
l'**exercice 16**
où chaque enfant
peut choisir
ce qu'il pense
devoir faire.

14 Je remets les mots dans l'ordre pour écrire une phrase.

| promenade | ne | Zoé | part | en | . | pas |

Date :

15 **J'observe le dessin :**
– **J'entoure en rouge ce qui pollue la nature.**
– **J'entoure en bleu ce qui respecte la nature.**

Je réponds par *vrai* V **ou** *faux* F.

Je dois jeter les papiers par terre. ☐

Je dois laisser les animaux en paix. ☐

Je dois faire du bruit. ☐

Je ne dois pas abîmer les arbres. ☐

Il ne faut pas polluer. ☐

16 **J'écris un texte.**

À mon avis, pour respecter la nature,
je ne dois pas

mais je dois

N n

la nature

JE RETIENS

une promenade
un déjeuner
une banane
la nature

abandonner
emmener
jeter

non
ne… plus
ne… pas

on
om

la maison

tomber

je lis

Zoé a vu un monstre

Cette nuit, Zoé est tombée du lit. Elle a réveillé toute la maison.

– Maman ! Il y a un monstre au plafond !

– N'aie pas peur, répond sa maman. Tu as fait un cauchemar. **Est-ce que ton monstre ressemblait à un dragon tout rond avec plein de boutons ?**

– Oui, c'est ça ! dit Zoé, rassurée. Comment le sais-tu ?

– Il y a longtemps, quand j'étais petite, j'ai fait le même cauchemar.

on				om
un m**on**stre	un drag**on**	elle rép**ond**	t**on**	elle est t**om**bée
un monstre	un dragon	elle répond	ton	elle est tombée
la mais**on**	des bout**ons**	l**on**gtemps	r**ond**	
la maison	des boutons	longtemps	rond	

Date :

1 Je réponds aux questions par une phrase.

Qu'a vu Zoé ?

Zoé _____

À quoi ressemble le monstre ?

Le monstre ressemble à _____

_____

2 Je relie.

Zoé a peur •

    • de la télé.

    • d'un conte.

    • d'un cauchemar.

3 Je souligne le mot quand j'entends le son [ɔ̃].

le pont

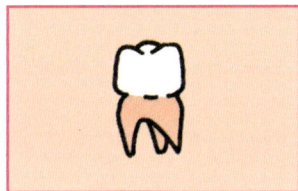
la dent

un poisson

un bonbon

un gant

un banc

4 J'entoure les mots du texte :
– en **bleu** quand [ɔ̃] s'écrit **om** ;
– en **rouge** quand [ɔ̃] s'écrit **on**.

—— 109 ——

CHANSON

Il était une bergère,
Et ron et ron
Petit patapon,
Il était une bergère
Qui gardait ses moutons
Ron ron,
Qui gardait ses moutons.

MOT MYSTÉRIEUX

mordre

épée   dindon

JE SAIS DÉJÀ LIRE

la nuit - les sorcières

le bruit - le loup

pleurer - crier

tomber

5 **Je lis des mots d'une syllabe.**

on - ils **on**t - m**on** - t**on** - s**on** - ils s**on**t - b**on**

r**on**d - l**on**g - un b**on**d - n**on** - un n**om** - d**on**c

6 **Je lis des mots.**

on   pard**on** - rac**on**ter - m**on**de - m**on**ter

une m**on**tre - un m**on**stre - un bout**on**

un mout**on** - du bét**on** - un li**on** - un cami**on**

om   s**om**bre - un n**om**bre - c**om**pter

7 **Je classe les mots dans le tableau :**

le pont, la pompe, une ronde, un nombre, une colombe, le concombre, un caneton.

J'entends le son [ɔ̃]	
Je vois *on*	Je vois *om*

8 **J'écris.**

on

om

Le son [ɔ̃] se confond parfois avec le son [ɑ̃] **(exercice 3).**

Om et *on*, peuvent aussi se prononcer [ɔ] comme dans *bonne* ou *pomme*. Ceci sera étudié dans la leçon sur le son [ɔ] page 28 du fichier 2.

Le son [ɔ̃] peut s'écrire *on* et *om*. Cette orthographe est travaillée dans les **exercices 4 et 7**, sans qu'il soit utile d'apprendre la règle.

5

Date : _____

9 J'écris des mots avec la syllabe ton.

mou   ton   ton   bou
ton   ton   co   ton

un _____ | du _____
un _____ | un _____

10 J'écris le nom du petit de chaque animal.

_____ _____ _____

11 Je complète les mots avec ou ou on.

un b___b___ | un l___p | une mais_____
une m___tre | n___ | r___ler
c___ler | m___ter | ___i

12 J'écris.

la maison

tomber

DEVINETTES

● Qui suis-je ?

• Je sers à lire l'heure : _____

• Je sers à passer au-dessus de l'eau : _____

• Je suis rond et je rebondis :
_____

• J'ai de la laine sur le dos et je bêle : _____

MOTS MÊLÉS

A	R	O	N	D
P	O	N	T	O
U	N	O	M	N
R	B	O	N	C

R _____
P _____
N _____
B _____
D _____

Les **exercices 13 et 14** entraînent les enfants à bien repérer les questions et les réponses : d'abord ils doivent trouver la réponse, ensuite ils doivent remettre une question dans le bon ordre. Dans l'**exercice 15**, l'enfant doit trouver une question à partir d'une réponse donnée.

Grâce au débat oral en classe sur ce qui fait peur et aux exercices de vocabulaire **(exercices 16 et 17)**, chacun pourra écrire un petit texte plus personnel **(exercice 18)**.

Date :

13 Je trouve la réponse et je fais une phrase.

- Qui a vu un monstre ?
- Qui rassure Zoé ?
- Qui a des boutons ?

14 Je remets les mots dans l'ordre pour poser une question.

| tout | Qui | ? | rond | est |

| a | un | Qui | ? | fait | cauchemar |

15 Je trouve la question à cette réponse.

C'est Zoé qui est tombée du lit.

Date : _____

16 **Je choisis le nom des animaux qui me font peur et je les recopie :** un rat, une souris, un ours, le loup, le crocodile, le boa.

_____
_____

17 **J'apprends de nouveaux mots et je les recopie.**

une araignée

un fantôme

une sorcière

la nuit

18 **J'écris un texte sur la peur.**

J'ai peur

Mais je n'ai pas peur

on
om

la maison

tomber

JE RETIENS

la maison
un monstre
un bouton

rond/ronde

répondre
tomber

longtemps

on
mon/ton/son

La recette magique

– Maintenant, je suis une sorcière !
Et je vais te transformer en fantôme ! dit Zoé à Max.
Zoé ouvre son livre de recettes.
– Je casse deux œufs, j'ajoute trois cheveux de Max, des cerises pourries, du poivre et neuf cœurs d'artichauts.
Zoé prononce la formule magique :
– Abracadabrafantômetudeviens...
Soudain...
– Aaah ! hurle Max, mort de peur. Le fantôme !!!

je lis

e		eu		œu
des cerises	je	la peur	deux	des œufs
des cerises	je	la peur	deux	des œufs
maintenant	te	neuf	des cheveux	des cœurs
maintenant	te	neuf	des cheveux	des cœurs

Date :

1 Je complète la phrase.

Zoé veut transformer Max en _____.

Pour sa recette, elle prend _____ œufs.

Je réponds à la question par une phrase.

À quoi joue Zoé ?

_____

_____

_____

2 Je sépare les mots de la formule magique.

Abracadabrafantômetudeviens...

3 J'entoure en bleu quand j'entends le son [ø] comme dans deux.

Je casse deux œufs, j'ajoute trois cheveux dc Max et des cerises pourries.

4 J'entoure les mots qui contiennent le même son que le modèle.

heure	cœur	deux
leur	sœur	pneu
bleu	bonheur	cheveu
beurre	œuf	neuf
peur	nœud	heureux

Emploi du temps

À onze heures
chez l'ambassadeur.
À midi
rue Garibaldi.
À une heure
aller voir ma sœur.
À deux heures
bloquer l'ascenseur.
À trois heures
chez mon directeur.
À quatre heures
je mange des p'tits-beurre.

L. Bérimont

MOT
MYSTÉRIEUX

fantôme   ballon

JE SAIS
DÉJÀ LIRE

une cerise - un bol

une banane - un canard

un mouton - un crapaud

remuer - cuire

5 **Je lis des mots d'une syllabe.**

[ə] m**e** - l**e** - s**e** - t**e** - d**e** - n**e**

[œ] l**eu**r - un pl**eu**r - une s**œu**r
un c**œu**r - il m**eu**rt - la p**eu**r

[ø] un n**œu**d - des **œu**fs - d**eu**x - bl**eu** - je p**eu**x

· ·

6 **Je lis des mots.**

[ə] vendr**e**di - une c**e**rise - une r**e**cette - une cass**e**role

[œ] un m**eu**ble - le b**eu**rre - un tract**eu**r - l'h**eu**re

[ø] éc**œu**ré

· ·

7 **Je classe les mots dans le tableau :**

un pneu, un meuble, l'heure, une horreur, bleu, deux, une odeur, seul.

Je vois *eu*	
J'entends **[œ]**	J'entends **[ø]**

· ·

8 **J'écris.**

e

eu

œu

On a réuni dans cette leçon des sons qui sont, selon les régions, soit très proches, soit très distincts :
– [œ] de *cœur* ;
– [ø] de *feu* ;
– [ə] de *vendredi*.
Selon les lieux géographiques, les exercices d'écoute seront plus ou moins développés **(exercices 3, 4, 5 6, et 7)**.

Dans certaines régions, le *e* en fin de mot (*e* « caduc ») ne s'entend pas vraiment (*une tartine*). Il sert à faire sonner la consonne précédente, d'où la différence entre les syllabes orales et les syllabes écrites.

L'**exercice 11** permet de différencier deux sons aux graphies proches.

9 Je remets les syllabes dans l'ordre pour écrire des mots.

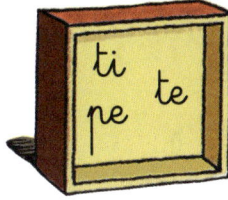

un _____   _____

10 Je remets les lettres dans l'ordre pour écrire des nombres.

_____   _____

11 Je complète les mots en ajoutant *eu* **ou** *eau*.

un p_____ | un rât_____ | des pl_____rs
la p_____ | un pn_____ | la p_____r
le b_____rre | un drap_____ | un cad_____

12 J'écris.

deux

un cœur

[œ]/[ø]
[ə]

DEVINETTES

● Sur les tartines, on met :

❏ du beurre ?

❏ des fleurs ?

❏ des cœurs ?

● La poule pond :

❏ des yeux ?

❏ des nœuds ?

❏ des œufs ?

MOTS MÊLÉS

A	I	P	B
C	L	E	I
N	E	U	F

I _____
P _____
C _____
N _____

La négation a déjà
été travaillée.
Elle est de nouveau
abordée ici
dans l'**exercice 14**.
On insiste
sur les 2 termes
de la négation.

Date :

13 J'écris les mots au singulier ou au pluriel.

une heure   → des heures

des fleurs   → une fleur

un œuf   → _____

_____ → des cerises

_____ → des cœurs d'artichauts

une recette   → _____

14 J'entoure les mots qui forment la négation :

Elle (ne) transforme (pas) Max.

Zoé est dans la cuisine. Elle n'a pas de livre de recettes. Elle casse un œuf. Elle n'ajoute pas de cerises pourries. Elle ne trouve pas de sel. Elle met de l'eau. Elle ne prononce pas la bonne formule magique. Pistache ne sera pas transformé en fantôme.

15 Je trouve la question, je l'écris et j'y réponds.

| casserole | met | Zoé | la | dans | ? | Que |

Réponse :

Suite aux leçons
précédentes,
on continue
de travailler sur les
questions/réponses
et la forme
interrogative
(exercice 15).

L'enfant va
inventer une recette
de sorcière.
Il pourra se servir
du texte page 114
et des **exercices 14
et 16**.

Date :

16 Je complète la recette du livre des sorcières avec des mots de la liste : crapaud, boa, poupées, sorcière, cerises, souris, poule, rat.

2 cuillères de bave de _____

4 plumes de _____

9 queues de _____

1 grosse patte de _____

17 J'écris ma recette de sorcière.

Je veux transformer _____

en _____.

Ma recette

_____

_____

_____

_____

_____

_____

e eu
œu

une cerise

neuf

deux

un cœur

des œufs

JE RETIENS

un cheveu/
des cheveux

un œuf/des œufs

un cœur

une cerise

la peur

neuf

deux

maintenant

je

te

BILAN 3

Cette évaluation porte sur les précédentes leçons. Elle reprend les types d'exercices que votre enfant connaît déjà.

Elle mesure ce qu'il sait :

• écrire des mots déjà étudiés **(exercice 1)** ;

• former des mots à partir de syllabes **(exercice 2)** ;

• construire une phrase **(exercice 3)** ;

• lire et comprendre un texte **(exercices 4 et 5)** ;

• écrire un petit texte personnel **(exercice 6)**.

Date : _____

1 Écris les mots.

_____ _____ _____

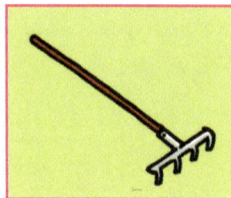  

_____ _____ _____

_____ _____ _____

2 Remets des syllabes dans l'ordre pour écrire des mots.

no do mi   se cour   le é co

un _____   une _____   une _____

3 Remets les mots dans l'ordre pour écrire une phrase.

| solide | . | une | Jules | cabane | fait |

Date :

4 **Lis le texte.**

C'est la nuit. Jules se promène avec Max.
– As-tu peur la nuit ? dit Jules.
– Non, mais Zoé a peur des monstres, répond Max.

Souligne la question posée dans le texte.

5 **Réponds aux questions par une phrase.**

Avec qui se promène Max ?

Max se

Qui a peur des monstres ?

C'est

Qui dit : « As-tu peur la nuit ? » ?

C'est

6 **Regarde les dessins et écris une phrase pour raconter.**

L'avis de l'enfant :

J'ai trouvé ce travail...
○ facile.
○ difficile.
○ très difficile.

Signature

Les commerces

Dans la ville, tu trouves **des commerces** comme la boulangerie, la boucherie ou encore la librairie…

Un marché animé.

Plusieurs fois par semaine, des marchands s'installent de très bonne heure sur le trottoir : **c'est le marché**.
Tu y trouves des produits frais comme les légumes et les fruits, mais aussi des fleurs et des vêtements…

Date :

1 **Je relie chaque produit à l'endroit où je peux l'acheter.**

le pain ●   ● le boucher
la viande ●   ● le boulanger
les fleurs ●   ● le libraire
le poisson ●   ● le fleuriste
les livres ●   ● le poissonnier

2 **Je relie chaque dessin à la bonne étiquette.**

| les légumes | les fruits | la viande | les fleurs |

3 **Je range du plus petit au plus grand.**

un supermarché   un hypermarché   un marché   un minimarket

4 **Je trouve d'autres mots qui commencent par** super **et** mini.

5 **Je trouve la règle du jeu et je continue.**

Dans mon panier, j'ai rapporté du blé, une clé, _____

_____.

Dans mon caddie, j'ai rapporté du riz, des biscuits _____

_____.

Dans mon cabas, j'ai rapporté des ananas _____

_____.

Crédits des poèmes et comptines

P. 7 : Galimatias « Ma tante Falbala », Jacques Charpentreau, in *Poésie en jeu*, © Éditions de l'Atelier, 1981. **P. 15 :** « Quelle heure est-il ? », comptine du patrimoine, in *Comptines à malices*, © Armand Colin. **P. 19 :** « Bonjour », in *Les Comptines de la langue française*, © Seghers. **P. 23 :** « Tortue », Anne Sylvestre, *Fabulettes sans notes pour marmots et marmottes*, © Actes Sud Junior. **P. 27 :** « Pomme de reinette », in *Les Comptines de la langue française*, © Seghers. **P. 37 :** « trr, trr, trr », J. et C. Held, *Lalulapalu*, © Magnard. **P. 43 :** « Barnabé », comptine du patrimoine, in *Comptines à malices*, © Armand Colin. **P. 49 :** « Petit escargot », comptine du patrimoine, in *Comptines à malices*, © Armand Colin. **P. 55 :** « Alouette », in *Le Livre des chansons de France*, Roland Sabatier, © Éditions Gallimard. **P. 61 :** « Trottent, trottent », Anne-Marie Chapouton, in *Comptines pour jouer avec les sons*, « Père Castor », © Flammarion. **P. 67 :** « Ma maison est un palais », Martine Géhin, in *Chut ! Les Chouettes chuchotent*, coll. « L'enfant et la poésie », © Le Cherche Midi Éditeur. **P. 79 :** « Chanson de la Seine », Jacques Prévert, issu de « Aubervilliers » recueilli dans *Spectacle*, © Éditions Gallimard. **P. 85 :** « Le boa », Pierre Coran, *Jaffabules*, coll. « Le Livre de Poche Jeunesse », © Hachette Livre. **P. 91 :** « Cric et crac », Luc Bérimont, in *Comptines pour les enfants d'ici et d'ailleurs et les canards sauvages*, coll. « L'enfant et la poésie », © Le Cherche Midi Éditeur. **P. 97 :** « Le dromadaire », Jo Hoestlandt, *Comptines en forme d'alphabet*, © Actes Sud Junior. **P. 103 :** « Le canard », in *Les Comptines de la langue française*, © Seghers. **P. 109 :** « Il était une bergère », in *Le Livre des chansons de France*, Roland Sabatier, © Éditions Gallimard. **P. 115 :** « Emploi du temps », Luc Bérimont, in *Comptines pour les enfants d'ici et d'ailleurs et les canards sauvages*, coll. « L'enfant et la poésie », © Le Cherche Midi Éditeur.

Crédits des illustrations

Michel Coudeyre : p. 1, pp. 5-32, p. 34, pp. 36-45, pp. 47-51, pp. 53-55, p. 57, pp. 59-61, pp. 63-69, p. 71, p. 74, p. 76, pp. 78-81, pp. 83-87, pp. 89-93, pp. 95-99, pp. 101-117, p. 119, pp. 121-122. **Valérie Pettinari :** p. 4, p. 7, p. 9, p. 11, p. 15, p. 19, p. 21, p. 23, p. 25, p. 27, pp. 29-30, p. 37, pp. 39-41, p. 43, p. 45, p. 49, pp. 51-52, p. 55, pp. 57-58, p. 61, pp. 63-64, p. 67, p. 69, p. 72, p. 79, p. 81, p. 85, p. 87, p. 89, p. 91, p. 93, p. 97, p. 103, p. 105, p. 109, p. 113, p. 115, p. 117, p. 120, p. 123. **Gilles Poing :** p. 18, p. 21, p. 60 (carton d'anniversaire), p. 65, p. 66 (lettre au Père Noël sauf personnage de Zoé), p. 90, p. 119. **Frédéric Ruillier :** intérieur de la couverture (abécédaire).

Crédits photographiques

P. 26 : gauche, © Beinat / Jerrican ; **droite,** © Chris Campion / Walter Matthau / PROD. **P. 32 :** © Corel. **P. 34 : haut, gauche et droite** © Darque / Jerrican ; **bas,** *Écureuil roux*, France, © A. Leclerc / Bios. **P. 35 : haut,** *Écureuil roux*, France, © A. Leclerc / Bios ; **bas, gauche et droite,** © Darque / Jerrican. **P. 36 :** *Marshosaurus*, © J. Eastcott, Y. Momatiuk / Jacana. **P. 54 :** © Michel Gaillard / Jerrican. **P. 74 : haut, milieu et droite,** *Éléphant d'Afrique* © Denis-Huot / Bios. **P. 75 :** *Éléphant d'Afrique* © Denis-Huot / Bios. **P. 76 : haut, gauche,** © P.-Y. Boulay / Secouss ; **haut, droite,** *Girafe réticulée*, © Nicolotti / Bios ; **milieu,** © Premium Stock / Stock Image ; **bas, droite,** *Girafe occidentale*, Afrique, © Bonneau / Bios. **P. 96 : gauche,** *Lyon, pont Bonaparte*, © Chauvet / Jerrican ; **droite,** © Chris Duranti / Jerrican. **P. 102 :** *Pommiers, Hambourg*, © Transglobe / Jerrican. **P. 122 :** © Chris Duranti / Jerrican.

ISBN : 978-2-01-117305-8
© Hachette Livre 2006, 43, quai de Grenelle, 75905 Paris Cedex 15

Responsable de projet : Séverine Charbonnel-Bojman
Création de la maquette intérieure : Zoé Coudeyre
Adaptation et mise en pages des documentaires : Valérie Goussot
Recherche iconographique : Ann Pekny et Marie-Thérèse Mathivon
Mise en pages : Typo-Virgule
Modèles de calligraphie : Laurent Rullier
Création de la maquette de couverture : Laurent Carré
Exécution de la maquette de couverture : Argép bis, Typo-Virgule
Illustration de la couverture : Michel Coudeyre
Avec la collaboration de : Julie Delaere, Bénédicte Gaillard

Cet ouvrage est imprimé sur du papier composé de fibres naturelles, renouvelables, recyclables, et fabriqué à partir de bois issu de forêts gérées de façon durable conformément à l'article 206 de la loi n° 2010-788 du 12 juillet 2010.

Nous remercions les enseignants qui ont utilisé cette méthode dans leurs classes et qui nous ont communiqué leurs remarques. Elles ont contribué à l'élaboration de cette nouvelle édition.

[o]	[r]	[y]	[l]	[a]
on	Il rit	Jules	Zoé	Non
les poireaux	et	marche	le bol	le chat
arroser	rouge	n'a pas vu	Pistache	en classe
va	cache	est	a bu	Max
et	son	la rue	de	n'ira pas
les haricots	dinosaure	Il	matin	veut aller
avec	derrière-lui	le bus	de lait	avec
de l'eau	gros	dans	lundi	Pistache

[u]	[e]	[p]	[i]		[m]
Max	va	dit Zoé	Max		Maman
en colère	Ma	répond Jules	le lundi		Jules
il	cet	Mon papa	aime	et	dormir
très	été	Mon papa	le jeudi		laisse-moi
est	avoir	est	bien		tombe
tout	un	pompier	l'école		du lit
est	maman	pirate	le vendredi		Il
rouge	bébé	est	le mardi		dit

[a]	[l]	[y]	[r]	[o]
Non	Zoé	Jules	Il rit	on
le chat	le bol	marche	et	les poireaux
en classe	Pistache	n'a pas vu	rouge	arroser
Max	a bu	est	cache	va
n'ira pas	de	la rue	son	et
veut aller	matin	Il	dinosaure	les haricots
avec	de lait	le bus	derrière-lui	avec
Pistache	lundi	dans	gros	de l'eau

[m]	[i]	[p]	[e]	[u]
Maman	Max	dit Zoé	va	Max
Jules	le lundi	répond Jules	Ma	en colère
dormir	et aime	Mon papa	cet	il
laisse-moi	le jeudi	Mon papa	été	très
tombe	bien	est	avoir	est
du lit	l'école	pompier	un	tout
Il	le vendredi	pirate	maman	est
dit	le mardi	est	bébé	rouge

[ə] / [œ] / [ø]	[n]	[k]	[s]	[t]
de Max	Max lance	Voici	Zoé	J'ai
j'ajoute	de banane	est	la piste	et
Je casse / et	abandonne	un plan	de	content
du poivre	de bonbons	la maîtresse	fonce	C'est
trois cheveux	et / dans	l'école	toute vitesse	6 ans
des cerises pourries	la nature	dit	décolle	mon anniversaire
deux œufs	ses papiers	du quartier	et	très
neuf cœurs d'artichauts	sa peau	Où	à	je suis

Divers	[ɔ̃]	[d]	[b]	[ɛ]
Je	ressemblait	Moi	un bol / puis	la cheminée
Il a	Est-ce que	j'habite	une tarte	pleine de
Elle est	un dragon	je respire	de la baguette	Père Noël
des	à / plein	que	de fromage blanc	est
les	avec	l'odeur	aux framboises	alors
.	ton monstre	depuis	D'abord	par la fenêtre
?	de boutons	des fleurs	à la banane	poussière
C'est	tout rond	à la campagne	avec du beurre	passe

[t]	[s]	[k]	[n]	[ə] / [œ] / [ø]
J'ai	Zoé	Voici	Max lance	de Max
et	la piste	est	de banane	j'ajoute
content	de	un plan	abandonne	et Je casse
C'est	fonce	la maîtresse	de bonbons	du poivre
6 ans	toute vitesse	l'école	dans et	trois cheveux
mon anniversaire	décolle	dit	la nature	des cerises pourries
très	et	du quartier	ses papiers	deux œufs
je suis	à	Où	sa peau	neuf cœurs d'artichauts

[ɛ]	[b]	[d]	[ɔ̃]	Divers
la cheminée	puis un bol	Moi	ressemblait	Je
pleine de	une tarte	j'habite	Est-ce que	Il a
Père Noël	de la baguette	je respire	un dragon	Elle est
est	de fromage blanc	que	plein à	des
alors	aux framboises	l'odeur	avec	les
par la fenêtre	D'abord	depuis	ton monstre	.
poussière	à la banane	des fleurs	de boutons	?
passe	avec du beurre	à la campagne	tout rond	C'est

Achevé d'imprimer par Europrinting S.p.A. - Dépot légal 5/2011 - édition 09 - Collection 88 - 11/7305/3